Mirjam Beile

Vollkornbrote aus dem Brotbackautomaten

70 Rezepte
für 500 und 750 g

Ulmer

Das steckt im Buch

Vollkorn – die Basics

Vollkornige Rezepte

Service

Ährensache …

Meine Ausbildung habe ich in einer Vollkornbäckerei begonnen, und ich bin noch heute sehr dankbar für das Wissen, das ich dort gesammelt habe, sowie für meine während dieser Zeit gereifte Lebenseinstellung. Die gesamte Vollkornbackwelt ist mit vielen Emotionen und einer Menge Halbwahrheiten aufgeladen, die nicht immer leicht zu durchschauen sind. Für mich ist es also „Ährensache", ein Vollkornbuch zu schreiben – und Ihnen so ein wenig Orientierung zu geben und hoffentlich auch Bereicherung und Spaß.

Vollkornbrote im Brotbackautomaten zu backen ist kein Widerspruch. Nach wie vor ist der Brotbackautomat mein Lieblingsgerät in der Küche. Er ermöglicht mir, schnell und einfach ein leckeres Brot auf den Tisch zu zaubern, von dem ich noch dazu ganz genau weiß, was drin ist. Außerdem leistet mir der Automat gute Dienste als Knetmaschine und bietet beim Herstellen von Hefeteigen eine optimal temperierte Gär- und Wärmekammer. Mit diesem Gerät gelingt es wirklich jedem, gutes Brot zu backen!

Man ist, was man isst – ein altes Sprichwort, in dem viel Wahres steckt. Wer dann noch genau auswählen kann, was in seinem täglich Brot enthalten ist, kann eigentlich gar nichts mehr falsch machen.

In diesem Sinne wünsche ich viel Spaß beim Lesen, Nachbacken und Genießen.

Mirjam Beile

Vollkorn – die Basics

Vollkorn und Ernährung

Warum Vollkorn:
Weil's gesund ist? Weil ich mich bewusster ernähren will?
Weil es länger sättigt? Weil es gerade Trend ist?

Ob Vollkornprodukte gesünder sind als Produkte aus Niedrigtypen-Mehlen, ist nicht unumstritten. Aber auch die Frage, was gesundes Essen überhaupt ausmacht, ist Gegenstand heftigster Debatten. Ist ein Vierkornbrötchen gesünder als ein Dreikornbrötchen? Zahlreiche Studien, Ratgeber und Medien vertreten häufig widersprüchliche Standpunkte. Dass auch Ernährungswissenschaftler sich nicht einig sind, hängt unter anderem mit ihrem Forschungsgegenstand zusammen: Gesundheit wird durch viele Faktoren beeinflusst, nicht nur durch Ernährung. Außerdem ist es kompliziert und aufwendig, das Essverhalten von Menschen genau zu erforschen. Oft sind die Studien nur auf bestimmte Probandenkreise begrenzt oder widmen sich einem einzigen Inhaltsstoff, ohne die Fülle sonstiger Einflüsse zu berücksichtigen. Unstrittige Beweise für positive Wirkungen einzelner Lebensmittel oder Nährstoffe fehlen daher fast völlig. Im Ergebnis heißt das: So verschieden Menschen sind, so verschieden müssten Ernährungsratgeber sein. Und auch für den Einzelnen ist es schwierig, den idealen Speiseplan zusammenzustellen. Lebensmittelunverträglichkeiten, unterschiedlicher Energiebedarf, genetische Veranlagung: Vieles hat einen Einfluss darauf, was im Einzelfall gesund ist. Hören Sie daher vor allem auf Ihren Körper und ernähren Sie sich bewusst:

Je abwechslungsreicher, desto besser. Roggenmischbrot enthält andere Nährstoffe als Dinkelvollkornbrot. Um von allen Vitaminen und Mineralstoffen etwas zu bekommen, sollte nicht immer das gleiche Brot auf dem Teller landen. Das gilt auch für andere Lebensmittel: Die Mischung macht's.

Bewusst genießen. Durch bewusstes Genießen werden Sie mehr Spaß am Essen haben. Grundsätzlich gilt: In zu großen Mengen kann alles ungesund sein! Ganz verzichten muss man aber auch auf nichts.

Rechts: Schrotvollkornbrot mit Quark und Tomaten.

Sich Zeit nehmen. Wenn Sie selbst backen, wissen Sie, was in Ihrem Brot enthalten ist. Und so erfahren Sie dann auch, was Ihnen schmeckt und was Ihr Körper verträgt. Das macht Freude und weckt Lust auf die ganze Vielfalt

der Lebensmittel. Nehmen Sie sich Zeit fürs Backen und Essen. Das schafft Raum für bewusste Ernährung.

Natürliche Lebensmittel verwenden. Verarbeitete Produkte enthalten oftmals weniger Nährstoffe als die ursprünglichen Lebensmittel. Auch künstliche Zusätze gleichen diesen Mangel meist nicht aus. Nährstoffe entfalten ihre Wirkung in der Regel am besten in ihrem natürlichen Umfeld. Deshalb lautet mein Motto: Iss Nahrung, nicht Nährstoffe. Also beispielsweise eine Paprika statt Vitamin C und Karotinoiden in Pillenform. So braucht man auch keinen Etiketten-Dolmetscher, auf den man sonst angewiesen ist in der Parallelwelt der industriell hergestellten Nahrung, wo kaum eine Formulierung die Bedeutung hat, die man ihr auf den ersten Blick zuschreibt …

Ausreichend trinken. Das ist einfacher, als es viele Ratgeber einem weismachen wollen. Rund 1,5 bis 2 Liter am Tag reichen vollkommen aus. Und übrigens zählen dazu auch Kaffee und Tee, wobei Wasser als das Nonplusultra gilt.

Veränderungen der Essgewohnheiten brauchen Zeit. Zum einen dauert es am Anfang länger, all die „neuen" Zutaten im Bioladen, Reformhaus oder Lebensmittelmarkt zusammenzusuchen. Auch das Abwiegen, Schnippeln, Schneiden und Vorbereiten kommt einem zunächst recht aufwendig vor. Aber wenn man sich daran gewöhnt hat, geht das Backen im Brotbackautomaten oft schneller, als eine Pizza beim Pizzaservice zu bestellen oder ein Brot beim Bäcker einzuholen. Damit der Einstieg beim Backen mit Vollkornmehl ein wenig leichter fällt, kann man auch mit einer Mischung aus Vollkorn- und Weißmehl der Type 550 beginnen. Nach und nach erhöht man dann den Anteil an Vollkornmehl.

Neue Getreidearten schrittweise erobern. Emmer, Dinkel oder Roggen – die ganze Welt der Getreidesorten steht Ihnen beim Vollkornbacken offen. Probieren Sie eine nach der anderen aus und achten Sie dabei immer auf den Geschmack. Sie werden sehen: Die Geschmacksnerven verändern sich ganz rasch.

Der Wohlfühlfaktor muss stimmen. Ballaststoffe machen länger satt – deswegen sind Vollkornprodukte beliebt bei Menschen, die unzufrieden sind mit ihrem Gewicht. Entscheidend ist aber vor allem, sich mit seinem Gewicht wohlzufühlen – auch wenn es etwas erhöht sein sollte. Lassen Sie sich also nicht von Diätgurus oder dem ausgerufenen Kampf gegen Übergewicht verunsichern. Jeder Mensch hat sein persönliches Idealgewicht, auch Veranlagung spielt dabei eine Rolle.

Bewegung und bewusste Ernährung gehören zusammen. Sowohl fürs Gewicht als auch für die Gesundheit ist neben einer bewussten Ernährung vor allem Bewegung wichtig. Auch hier muss jeder für sich das richtige Maß finden. Und selbst wenn es am Anfang schwer ist: Man tut sich damit auf jeden Fall etwas Gutes.

Bei all dem gilt aber immer... Essen Sie entspannt und mit Spaß, denn den einen idealen Speiseplan und den immer gleichen Geschmack für jeden Menschen und in jeder Situation gibt es nicht.

Mit Vollkornmehlen zu backen ist nicht nur Trend, sondern einfach lecker. Mit dem vollen Korn kann man nichts falsch machen, es sei denn, man ist dagegen allergisch.

Vollkorneinsteiger? Gewusst wie ...

Wenn Sie auf Vollkornbrot „umsteigen", dann probieren Sie es doch zu Beginn mit Broten aus Kamut-, Emmer-, Einkorn- oder Dinkelvollkorn. Diese Ur- und Frühformen unserer heutigen Getreidesorten zeichnen sich durch ihren vergleichsweise milden, süßlichen Geschmack und ihre bessere Bekömmlichkeit aus. Fangen Sie mit fein gemahlenem Vollkornmehl an und greifen nicht gleich zu Schrot und Körnern, denn wie wissenschaftliche Untersuchungen zeigen, müssen sich Ihre Verdauungsorgane erst an den Verzehr von Vollkorn gewöhnen. Die Verdauungsenzyme in Magen und Darm, die die Nahrung zerlegen, brauchen für die Verarbeitung des vollen Korns etwas länger als bei Weißbrot. Gehen Sie zum Eingewöhnen am besten folgendermaßen vor:
- Ersetzen Sie anfangs einen Teil des Vollkornmehls durch helle Mehltypen.
- Geben Sie Teig-Zugaben wie beispielsweise Nüsse zu; sie helfen, den kräftigeren und herzhafteren Geschmack der Vollkornmehle etwas aufzufangen.
- Trinken Sie ausreichend, damit die Ballaststoffe gut quellen können.
- Essen Sie langsam und kauen Sie gut, das erleichtert die Verdauung.

Achtung Falle – beim Brotkauf

Ein Vollkornbrot muss laut Gesetzgeber zu 90 % aus Vollkornmehlen bestehen. Ob ein Brot tatsächlich mit Vollkornmehl gebacken wurde, kann man am Aussehen aber nur schwer erkennen. So lässt eine dunkle Farbe allein kaum auf ein Vollkornprodukt schließen, denn hier wird gern mit Zuckerkulör und Malzsirup nachgeholfen. Da Farbmalz nicht als Zusatzstoff gilt, werden diese „Schokobrote“ auf den Zutatenlisten als Malzmehl oder auch als Röstmalz oder getoastetes Roggenmehl bezeichnet. Es bräunt mehr oder weniger stark die Krume.

Auch ein paar Körner oder Haferflocken auf der Kruste lassen die Brote gesünder erscheinen und werden daher häufig verwendet, um dem Brot ein hochwertigeres Aussehen zu verleihen. Doch weder die Farbe des Brotes noch die Anzahl der Körner auf der Kruste sagen wirklich etwas darüber aus, wie viel volles Korn in der Backware steckt. Fragen Sie im Zweifelsfall einfach nach, man wird es Ihnen bestimmt sagen.

Vegan oder vegetarisch?

Generell ist Brot erst einmal vegetarisch und auch vegan, da es in seiner einfachsten Form nur aus Mehl, Hefe, Salz und Wasser besteht. Je nach Rezeptur können aber dann noch Schweineschmalz, Buttermilch und Ähnliches hinzukommen. Bei einem Großteil der gekauften Backwaren werden direkt oder indirekt tierische Produkte verwendet. Wer dagegen seine Brote selber backt, weiß genau, was er isst, und kann auch Geschmack und Qualität selbst bestimmen.

Fertig, das Brot kann herausgeholt werden.

Der Brotbackautomat

Vollkornbrot selber von Hand zu backen ist recht mühsam, außerdem braucht man ein paar Vorkenntnisse zu Knetzeit, Teiggärung oder Temperatur. Einfacher und bequemer geht's im Brotbackautomaten, er übernimmt für Sie all die mühevollen und zeitraubenden Arbeiten.

Rühren, Kneten, Gehenlassen, Backen: Das alles geschieht in dem Gerät vollautomatisch. Es verbindet die Vorteile von frischem, selbstgebackenem Brot mit einem minimalen Arbeitsaufwand. Je nach Modell dient der Brotbackautomat auch als Teigmaschine für Hefe- oder Pizzateig oder kann sogar noch Marmelade kochen. Im Vergleich zum Backofen verbrauchen Brotbackautomaten weniger Strom – etwa nur ein Viertel bis die Hälfte.

Außerdem können Sie mit dem Brotbackautomaten viele verschiedene Brotsorten backen: Der Vielfalt sind da kaum Grenzen gesetzt. Sobald Sie die ersten Erfahrungen mit dem Brotbackautomaten gesammelt haben, können Sie Ihrer Fantasie freien Lauf lassen und Ihre eigenen Brotsorten kreieren.

Mein Typ? Wer passt zu mir?

Die Preise für einen Brotbackautomaten liegen zwischen 30 und 200 Euro. Die Geräte unterscheiden sich in der Kapazität, der minimalen und maximalen Mehlmenge, im Zubehör und im Gewicht, in der Leistung, im Stromverbrauch und im Design, in der Bezeichnung der Funktionen und Programme und natürlich in der Technik. Die etwas teureren Geräte haben eine bessere Wärmeisolierung, werden also von außen nicht so heiß, und sie arbeiten meist etwas leiser. Doch egal, für welches Gerät Sie sich entscheiden, es sollte stets das GS-Zeichen für geprüfte Sicherheit sowie das CE-Zeichen tragen.

Überlegen Sie vor dem Kauf, wie häufig Sie den Brotbackautomaten nutzen wollen und wie viel Platz Sie in der Küche haben, denn die Geräte sind zum Teil so groß wie eine Mikrowelle. Werden Sie täglich Brot backen oder nur ab und zu? Sind Sie Single oder backen Sie für die ganze Familie? Diese Fragen können Ihnen schon einen guten Hinweis auf das passende Gerät geben.

Eine Frage der Größe ...

Das erste Entscheidungskriterium ist die Größe oder Kapazität des Automaten: Manche Geräte backen nur 500-Gramm-Brote, andere wiederum können lediglich die doppelte oder dreifache Menge verarbeiten. Am flexibelsten sind Sie jedoch mit Automaten, bei denen Sie die Größe des Brotes frei wählen können, vom 750-Gramm-Brot bis zum 1200 Gramm schweren Familienbrot.

Bei Vollkornbroten ist das Grenzgewicht schnell erreicht (Roggenmehl, Sonnenblumenkerne oder Kürbiskerne sind schwer!), deswegen sind Automaten vorteilhaft, die mindestens 1000-Gramm-Brote verarbeiten können, auch wenn Sie dann nur 750-Gramm-Brote backen. Die maximale Brotgröße ist bei den gängigen Automaten jedoch mit etwa 1800 Gramm erreicht.

Ein Blick in den Brotbackautomaten, die Form hat zwei Knethaken.

Auch die Form spielt eine Rolle ...

Alle Brotbackautomaten sind mit einer teflonbeschichteten Backform ausgestattet, damit man das Brot nach dem Backen auch gut herauslösen kann. Je nach Gerät ist diese Backform rechteckig (die typische Kastenbrotform) oder quadratisch, was aber nur ästhetisch von Bedeutung ist und auf die Qualität des Brotes keinen Einfluss hat.

Ein weiterer Unterschied ist die Anzahl der Knethaken. Backautomaten mit zwei Haken haben gegenüber solchen mit nur einem Knethaken einen wichtigen Vorteil: Je größer das Brot ist und je mehr Roggenmehl benutzt wird, um so schwerer fällt es, den Teig sorgfältig zu kneten – das geht mit doppelter Kraft natürlich einfacher. Bei ihnen ist zudem die Backform immer rechteckig, was den Broten die typischere Kastenform verleiht.

Meine Erfahrung ist aber, dass Brotbackautomaten mit „nur" einem Knethaken für 500- bis 1200-Gramm-Brote vollkommen ausreichen.

Alles easy?

Bevor Sie zuschlagen, werfen Sie auch einen Blick in die Gebrauchsanleitung des Automaten: Ist sie leicht zu verstehen und benutzerfreundlich? So einfach sich Brotbackgeräte bedienen lassen, so kompliziert sind häufig ihre Gebrauchsanweisungen. Manche Anleitungen sind kaum nachvollziehbar und verwirren eher. Gerade wer noch nie mit einem solchen Gerät gearbeitet hat, braucht eine einleuchtende, klare Anleitung, die in einfachen Worten nicht nur alle Funktionen und Bedienschritte erklärt, sondern auch mögliche Fehlerquellen benennt. Hilfreich ist auch eine Checkliste für Notfälle und das Angebot, einen Kundendienst oder Reparaturservice in Anspruch zu nehmen, das erspart Ihnen bei einem Defekt viel Zeit.

Was noch?

- Die Handhabung des Automaten sollte einfach und übersichtlich sein, die Bedienteile (Folientastatur!) sollten klar gekennzeichnet, übersichtlich und handlich sein.
- Die meisten Geräte haben einen Stromausfallspeicher, eine sehr sinnvolle Einrichtung, da so der Automat nach nicht allzu langem Stromausfall an genau der Stelle im Programm weitermacht, an der er unterbrochen wurde.
- Dann gibt es noch den Timer, eine Zeitschaltuhr, mit der Sie vorprogrammieren können, wann Ihr Brot fertig sein soll. Es ist eine verlockende Angelegenheit: Spät abends kommen alle Zutaten hinein, dann wird auf den nächsten Morgen vorprogrammiert, und pünktlich zum Frühstück ist das knusprige Brot dann fertig. Lassen Sie jedoch den Brotbackautomaten trotz Zeitschaltuhr nicht unbeaufsichtigt. Im Falle eines Gerätebrands kann es sonst Ärger mit der Hausratversicherung geben.

Wie funktioniert ein Brotbackautomat?

Brotbackautomaten faszinieren durch ihre einfache Handhabung. Der Programmablauf des Geräts ist bei allen Modellen ähnlich, denn sie alle arbeiten nach dem gleichen Prinzip. Im Inneren des Gehäuses sitzt wie beschrieben eine beschichtete Backform mit Knethaken. Um die Backform einzusetzen, nehmen Sie sie mit beiden Händen und setzen sie in die Mitte des dafür vorgesehenen Sockels im Backraum. Drücken Sie die Form dann vorsichtig nach unten, bis sie einrastet. Bei einigen Modellen wird sie im Uhrzeigersinn bis zum Anschlag gedreht. Setzen Sie nun den oder die Knethaken auf die Antriebswelle, die die Haken während des Betriebs bewegt. Vergewissern Sie sich anschließend, dass der Knethaken richtig fest sitzt.

Einfüllen der Zutaten

Dann werden in die Backform alle Zutaten in vorgegebener Reihenfolge eingefüllt, normalerweise erst die flüssigen wie Wasser und Milch und danach die festen, etwa Mehl und Zucker (bei einigen Geräten ist es aber umgekehrt, beachten Sie dazu die Gebrauchsanweisung). Einige Modelle haben ein eigenes Hefefach oder ein Rosinenverteilerfach, das sich zum rechten Zeitpunkt öffnet, um seinen Inhalt zu dem Teig hinzuzugeben. Beachten Sie: Alle Zutaten, die Sie in den Brotbackautomaten hineingeben, sollten bei Programmstart Zimmertemperatur haben. Schließen Sie nun den Deckel des Geräts.

Programmablauf

Über die Tastatur wählen Sie nun das gewünschte Programm, zum Beispiel für Misch- oder Vollkornbrot, für Weißbrot oder Mehrkornbrot. Jeder Hersteller benutzt unterschiedliche Bezeichnungen für die Backprogramme, die sich im Ablauf aber häufig ähneln. Einige dieser Bezeichnungen sind zum Beispiel: Normal, Mehrkorn, Französisch, Weißbrot, Schnell, Vollkorn.

Die einzelnen Programme geben vor, wie lange der Teig jeweils ruhen, kneten, aufgehen und backen soll. Das Programm „Normal“, beginnt zum Beispiel mit einer Knetphase von 10 Minuten, dann ruht der Teig weitere 10 Minuten, und wird anschließend erneut 15 Minuten geknetet. Danach geht er für 60 Minuten auf und wird dann 50 Minuten lang gebacken – macht eine Gesamtzeit von 2 Stunden und 25 Minuten. Beim Backprogramm „Vollkornbrot“ sieht der Zeitverlauf folgendermaßen aus: 15 Minuten kneten, 15 Minuten ruhen, 15 Minuten kneten, 90 Minuten aufgehen und 60 Minuten backen. Die Gesamtzeit beträgt hier 3 ¼ Stunden. Die genauen Zeitintervalle sind allerdings von Gerät zu Gerät verschieden. Die Gesamtzeit erscheint bei der Wahl eines Programms im Display und läuft dann während des Knet- und Backvorgangs rückwärts ab.

Häufig gibt es neben den Backprogrammen noch eine Funktion namens „Teig“. Sie ermöglicht es, den Teig nur zu kneten und aufgehen zu lassen, sodass Sie beispielsweise die Pizza am Abend, die Brötchen zum Sonntagsfrühstück oder Ihr Brot (damit es nicht immer rechteckig, sondern auch mal rund ist) im Ofen fertig backen können.

Außerdem haben die meisten Geräte noch eine Bräunungstaste, mit der Sie die gewünschte Krustenbräune wählen können: hell, mittel oder dunkel.

Nach dem Programmstart übernimmt der Brotbackautomat alles Weitere. Er mischt und knetet den Teig, bis er die richtige Konsistenz hat, und macht dann Schritt für Schritt aus dem rohen Teig ein lecker duftendes Brot!

Informationen über den genauen Zeitablauf und den Einsatz Ihrer Backprogramme finden Sie in der Bedienungsanleitung.

Das Backen

Die nötige Hitze zum Backen liefert ein Ringheizkörper, der meist im unteren Viertel des Backraums untergebracht ist. Das ist auch der Grund, warum den Broten aus dem Brotbackautomaten die typische intensive Bräunung an der Oberseite fehlt: Die Kruste ist an den Seiten wesentlich stärker ausgebildet als oben, da die Geräte nur von unten beheizt werden und die Hitze sich nur über die Backform auf den Teig überträgt. Da fehlt schlicht die Strahlungswärme der Ober- und Unterhitze aus dem Ofen. Wie braun das Backwerk wird, hängt aber auch vom Rezept ab. Ein Brot mit hellem Weizenmehl bleibt blasser als eines mit Roggenmehl. Sollte nach Beendigung des Backprogramms das Brot noch zu hell sein, können Sie es, wenn Ihr Modell dies unterstützt, mit dem Programm „Backen“ nachbacken, bis es die perfekte Bräunung hat.

Mit dem Hakenspieß lässt sich der Knethaken ganz einfach herausziehen.

Fertig!

Wenn das Brot fertig ist, ertönt ein akustisches Signal, um anzuzeigen, dass das Brot entnommen werden kann. Gleichzeitig beginnt bei einigen Modellen eine Warmhaltezeit von bis zu einer Stunde. Dadurch wird vermieden, dass sich in der Backform Kondenswasser bildet und das Brot knatschig wird. Drücken Sie die Stopp-Taste und schalten Sie das Gerät aus.

Nehmen Sie nun die Backform (Vorsicht, heiß!) heraus und stürzen Sie sie kopfüber auf ein Kuchengitter, damit das Brot auch von unten abkühlen kann. Sollte sich das Brot nicht gleich aus der Backform lösen, drehen Sie ein paarmal an der Antriebswelle, bis das Brot herausfällt. Wenn der Knethaken im Brot stecken bleibt, lösen Sie ihn heraus, was nicht immer ganz einfach ist, besonders wenn er festgebacken ist. Das passiert bei schweren Vollkornteigen eher als bei hellen Weizenteigen. Hilfreich ist beispielsweise ein Knethakenentferner, der bei einigen Herstellern gleich mitgeliefert wird. Unter der Rubrik „Tipps und Tricks" (S. 51) finden Sie noch weitere Lösungsvorschläge.

Auch wenn die Verlockung groß ist: Lassen Sie das Brot erst abkühlen, warm lässt es sich nicht so gut schneiden.

1, 2, 3 – keine Sauberei

Bevor Sie mit der Reinigung beginnen, sollten Sie den Netzstecker ziehen und den Brotbackautomaten auskühlen lassen. Das Säubern des Automaten und des Zubehörs erfolgt dann ausschließlich per Hand. Die Backform dürfen Sie nicht in die Spülmaschine stellen, da sonst die Antihaftbeschichtung Schaden nehmen kann und das Brot dann später festbackt. Reinigen Sie die Backform ausschließlich mit klarem Wasser und Spülmittel und achten Sie darauf, dass Sie deren Außenseite nicht ins Wasser tauchen. Falls doch einmal Wasser an die Außenseite gelangt, trocknen Sie die Backform anschließend ab, damit die Antriebswelle nicht zu rosten anfängt.

Füllen Sie am besten die Backform mit dem Knethaken mit warmem Spülwasser und lassen Sie alles 5–10 Minuten einweichen, dann können Sie die Form ganz leicht auswischen und auch der Knethaken lässt sich so leicht lösen. Scheuermittel oder Metallbürsten können die Antihaftbeschichtung beschädigen. Den Knethaken reinigen Sie mit Spülmittel und warmem Wasser. Für das Säubern der unzugänglicheren Stellen haben sich außerdem Ohrenstäbchen bewährt.

Arbeitsschritte beim Backen mit dem Brotbackautomaten:

- *Backform einsetzen*
- *Knethaken einsetzen*
- *Zutaten in vorgegebener Reihenfolge einfüllen*
- *Deckel schließen*
- *Gerät einschalten*
- *Backprogramm auswählen, beispielsweise „Vollkorn"*
- *Bräunungsgrad wählen*
- *Start-Taste drücken*
- *Automat mischt, knetet, ruht, backt vollautomatisch*
- *Nach Programmende Brot herausnehmen und auskühlen lassen*

Beste Zutaten für schmackhafte Brote

Damit Ihr Brot immer so gelingt, wie Sie es sich wünschen, ist es wichtig, die einzelnen Zutaten und ihre Eigenschaften gut zu kennen. Beim Einkaufen sollten Sie auf Qualität und Frische achten, denn dies sind die wichtigsten Faktoren für erfolgreiches Brotbacken.

Erforderlich ist außerdem, dass Sie die Mengenangaben in den Rezepten möglichst genau einhalten. Die Zutaten, die Sie in den Brotbackautomaten geben, sollten Zimmertemperatur haben, also etwa 18 bis 23 °C. Wenn Sie den Timer benutzen wollen, können Sie die Zutaten direkt aus dem Kühlschrank nehmen, denn bis Backbeginn nehmen sie Zimmertemperatur an. Bedenken Sie aber, dass leicht verderbliche Zutaten wie Eier, Milch oder Käse erst kurz vor Backbeginn zugegeben werden können. Ebenso sollte die Hefe nicht vorzeitig mit Salz oder Zucker in Berührung kommen, da sie sonst sofort zu arbeiten beginnt und bis zum Backbeginn verbraucht ist.

Achten Sie bei den Zutaten auch auf das Mindesthaltbarkeitsdatum: Produkte, bei denen es abgelaufen ist, erzielen nicht immer das gewünschte Ergebnis.

Getreide sind auch nur Gräser

Biologisch gesehen gehören die verschiedenen Getreidesorten zur Familie der Gräser. Vor über 12 000 Jahren entdeckten die Menschen, dass die Körner bestimmter Gräser gut schmecken und außerdem satt machen. So begannen sie die Samen zu sammeln, und einige davon säten sie wieder aus. Indem sie dabei jeweils die Pflanzen mit den besten Eigenschaften bevorzugten, entstanden im Laufe der Zeit verschiedene Getreidesorten.

Das Getreidekorn besteht aus Schale, Keimling und Mehlkörper. Es enthält Eiweiß, Fette, Kohlenhydrate, Ballaststoffe und Mineralstoffe, darunter vor allem Calcium, Fluor, Phosphate, Magnesium, Eisen, Kalium und Kieselsäure sowie Vitamin E und Vitamine der B-Gruppe.

Vom Getreide zum Mehl

Der wesentliche Bestandteil unseres Brotes ist das Getreidemehl. Bei der Mehlherstellung wird das Getreide in verschiedenen Stufen gereinigt, ge-

Aus Getreide wird Mehl – und anschließend Brot.

schält und dann gemahlen. Die verschiedenen Vermahlungsstufen nennt man „Passagen“. Jede einzelne Passage umfasst eine Stufe der Getreidezerkleinerung, bei der Getreidebruchstücke unterschiedlicher Größe entstehen. Die verschieden großen Bruchteile werden mit Sieben nach Größe sortiert und weiter zerkleinert. Dabei löst sich Mehl von den Getreideschalen, das durch Aussieben gesammelt und dann später abgefüllt und verpackt wird.

Grieß, Graupen und Co.

Weitere anfallende Mahlprodukte sind zum Beispiel Grieß, Graupen, Getreidekeime, Kleie oder Stärke.

Grieß ist ein Mahlprodukt, das vornehmlich aus Weizen oder Mais gewonnen wird und in der Körnungsgröße zwischen Schrot und Mehl liegt. Man unterscheidet feinen, mittleren und groben Grieß. Bekannte Sorten sind Weichweizengrieß, Hartweizengrieß, Vollkorngrieß und Maisgrieß.

Graupen sind geschälte, durch Polieren und Schleifen abgerundete Gersten-, seltener Weizenkörner. Es gibt grobe, mittlere, feine und feinste Sortierungen.

Getreidekeime bestehen aus dem Keimling des Getreidekorns. Sie werden als ganze Keime, gequetscht als Flocken oder gemahlen angeboten. Neben Weizenkeimen gibt es auch noch Roggen-, Mais- und Malzkeime.

Kleie besteht aus den Randschichten des Getreidekorns. Bei Spelzgetreide wie Hafer, Gerste und Reis zählen die Spelzen (Strohhülsen) nicht zu den Randschichten. Kleie gibt es von Weizen, Roggen, Gerste, Mais, Reis, Hirse, Buchweizen, Malz und Hafer. Bei Mitverwendung des Kerns nennt man es Spelzkleie. Diese wird aus Dinkel, Gerste, Hafer oder Reis hergestellt.

Stärke wird durch Vermahlen, aber auch durch Auswaschen oder Trocknen gewonnen. Es gibt Maisstärke, Weizenstärke, Kartoffelstärke und Reisstärke.

Mehltypen sind Ländersache

In Österreich und der Schweiz werden die Mehlsorten anders als in Deutschland eingeteilt. Die Klassifizierung erfolgt in Österreich hauptsächlich in glatt, universal, griffig und doppelgriffig. Diese Einteilung spiegelt im Wesentlichen die Korngröße wider.

In der Schweiz erfolgt die Unterscheidung über den Ausmahlungsgrad beziehungsweise den Mineralstoffgehalt. Übliche Bezeichnungen sind hier: Weißmehl Type 400 und 550, Halbweißmehl Type 720, Ruchmehl Type 1100 und Vollkornmehl Type 1900.

Welches Mehl für welches Brot?

Für die Brotbäckerei werden überwiegend Mehle von Brotgetreiden wie Weizen, Roggen und Dinkel mit unterschiedlichen Typenzahlen (siehe unten) verwendet. An der Typenzahl lässt sich ablesen, für welche Backprodukte das jeweilige Mehl geeignet ist. Wollen Sie helles Weißbrot backen, eignet sich dafür am besten Weizenmehl der Type 550.

Genau mein Typ?

Die Typenzahl eines Mehls gibt an, wie viel Gramm an Mineralstoffen in 100 g wasserfreiem Mehl ungefähr enthalten sind. Diese Angabe erhält man, wenn man das Mehl vollständig verbrennt, sodass der Ascherückstand nur noch aus Mineralstoffen besteht. Je nachdem, welche Kornbestandteile vermahlen werden, sind mehr oder weniger Mineralstoffe enthalten. So finden sich zum Beispiel in 100 g Roggenmehl der Type 1150 etwa 1150 mg Mineralstoffe. Eine niedrige Typenzahl haben helle Mehle aus dem Kern des Mehlkörpers; in diesem Kern sind nur wenige Mineralstoffe enthalten. Eine hohe Typenzahl dagegen haben dunkle Mehle aus den Randschichten des Mehlkörpers. Je höher die Typenzahl ist, desto mehr Vitamine, Mineralstoffe und vor allem mehr Ballaststoffe sind im Mehl enthalten. Vollkorn hat dagegen (zumindest in Deutschland) keine Typenzahl, da das ganze Korn vermahlen wird. Eine Übersicht über die teils unterschiedlichen Bezeichnungen für Mehltypen in den deutschsprachigen Ländern und ihre jeweilige Eignung zum Backen sind in der nachfolgenden Tabelle aufgeführt.

Mehltypen und ihre Eignung

Mehltype (Deutschland)	Bezeichnung in Österreich	Bezeichnung in der Schweiz	Eignung
Weizenmehl 405	Type W480	Type 400	Feine Backwaren, Kuchen
Weizenmehl 550		Type 550	Helle Weizenbrote oder Hefeteige
Weizenmehl 630	Type W700	Type 720	Weißgebäcke und helles Mischbrot
Weizenmehl 812			Helles Mischbrot
Weizenmehl 1050		Type 1100	Dunklere Mischbrote
Weizenmehl 1200			Dunkle Mischbrote
Weizenmehl 1700			Backschrot für Schrotbrot
Weizenvollkornmehl	Type W1800	Type 1900	Vollkornbrote
Roggenmehl 610	Type R500	Type 720	Helles Mischbrot
Roggenmehl 815			Brötchen und Mischbrot
Roggenmehl 997	Type R 960		Misch- und Sauerteigbrot
Roggenmehl 1150		Type 1100	Misch- und Sauerteigbrot
Roggenmehl 1370		Type 1600	Misch- und Sauerteigbrot
Roggenvollkornmehl	Type R 2500	Type 1900	Vollkornbrote
Dinkelmehl 630			Helle Dinkel- und Mischbrote
Dinkelmehl 812	Type D700		Helle Dinkel- und Mischbrote
Dinkelmehl 1050	Type D1500		Dunkle Dinkel- und Mischbrote
Dinkelvollkornmehl			Vollkornbrote

Und warum Vollkorn?

Brot ist ein wesentlicher Bestandteil unserer Ernährung. Deshalb ist es wichtig, dass wir wissen, was im Brot drin ist. Und zwar nicht nur für Nahrungsmittelallergiker, sondern auch für diejenigen, die sich täglich gesund ernähren wollen. Natürlich sollte der persönliche Geschmack ein Wörtchen mitzureden haben, und der kommt bei selbst gebackenem Brot natürlich am ehesten zu seinem Recht.

Inhaltsstoffe des Weizens – Vollkorn versus helles Mehl

Bestandteil	Weizenvollkornmehl	Weizenmehl Type 550
Energie	309,3 Kcal	337,8 Kcal
Wasser	15,0 g	13,7 g
Eiweiß	11,4 g	9,8 g
Fett	2,4 g	1,1 g
Kohlenhydrate	59,5 g	70,8 g
Ballaststoffe	10,0 mg	4,1 mg
Kalium	337,0 mg	126,0 mg
Magnesium	124,0 mg	10,0 mg
Calcium	32,0 mg	16,0 mg
Phosphor	345,0 mg	113,0 mg
Eisen	3,4 mg	1,5 mg
Zink	3,4 mg	1,2 mg
Vitamin A	2,0 mg	0,0 mg
Vitamin E	1,5 mg	0,3 mg
Vitamin B_1	0,5 mg	1 0,1 mg
Vitamin B_2	0,2 mg	0,1 mg
Vitamin B_6	0,5 mg	0,1 mg

Tabelle Uni-Hohenheim, Inhaltsstoffe Getreide (https://www.uni-hohenheim.de/wwwin140/INFO/LM/clmns.htm)

Vollkorn enthält viele gesunde Bestandteile, darunter Ballaststoffe, Stärke, essenzielle Fettsäuren, Antioxidantien, Vitamine, Mineralstoffe, Lignane und Phenolsäuren, die mit einem verringerten Risiko für Herzkrankheiten, Krebs, Typ 2-Diabetes und andere chronische Erkrankungen in Verbindung gebracht werden. Da sich die meisten dieser gesundheitsfördernden Substanzen im Keim und in der Kleie befinden, kommt vollkornhaltigen Lebensmitteln eine besondere Rolle in der Gesunderhaltung des Körpers zu.

Vollkornmehl

Wie erwähnt haben Vollkornmahlerzeugnisse zumindest in Deutschland keine Typenzahl. Da sie das ganze Korn enthalten, werden sie als Vollkornmehl angeboten. Mahlerzeugnisse aus anderen Getreidearten, wie Mais, Gerste, Hafer, Reis und Hirse, haben ebenfalls keine Typenbezeichnung; sie finden überwiegend als Zusätze (zum Beispiel für Spezialbrote wie Mehrkornbrot, Maisbrot oder Reisfladen) Verwendung.

Vollkornmehl und Vollkornschrot unterscheiden sich lediglich im Feinheitsgrad. So wird Vollkornmehl fein, Vollkornschrot dagegen grob gemahlen.

Wenn Mehl über einen längeren Zeitraum gelagert wird, verflüchtigen sich seine licht- und sauerstoffempfindlichen Inhaltstoffe und die Keimöle werden ranzig. Unter normalen Lagerbedingungen halten sich Vollkornmahlerzeugnisse höchstens vier Wochen ohne messbaren Vitaminverlust oder Einbußen in der Qualität. Ich empfehle darum immer, vor allem Vollkornmehl erst kurz vor dem Verarbeiten zu mahlen – die Frische kann man wirklich schmecken. In Mühlen und in manchen Bioläden können Sie auch frisch gemahlenes Mehl kaufen. Der Fachhandel bietet aber auch verschiedene Haushaltsgetreidemühlen an, die von Hand oder elektrisch betrieben werden. Damit können Sie Ihr Mehl jederzeit selber frisch mahlen. Achten Sie beim Kauf einer solchen Mühle auf das Mahlwerk – man unterscheidet hier Scheiben- und Kegelmahlwerke – und auf das Material, aus dem es besteht. Dabei kann es sich um Stein wie Basalt oder Lava oder um Stahl oder Keramik handeln. Lassen Sie sich beim Kauf einer Getreidemühle die Vor- und Nachteile der verschiedenen Konstruktionen und Materialien am besten in Fachhandel, Naturkostladen oder Reformhaus erklären.

Vollkornmehle bestehen aus dem ganzen Getreidekorn. Sie enthalten im Vergleich zu den handelsüblichen Auszugsmehlen (zu denen das Mehl Type 550 zählt) wesentlich mehr Vitamine, Mineralstoffe und Ballaststoffe. Dadurch sind Vollkornbrote ernährungsphysiologisch wertvoller und schmecken meiner Meinung nach auch besser.

Warum ist Vollkornmehl teurer?

Der etwas höhere Preis von Weizenvollkornmehl gegenüber Auszugsmehl erklärt sich zum einen aus dem Herstellungsprozess: Im Vollkornmehl sind alle Bestandteile des gereinigten Getreidekorns enthalten, also die Kleie, der Getreidekeimling und der Mehlkörper. Besonders auf der Außenhülle des

Vollkornmehl richtig im Haushalt lagern

Lagern Sie Mehl grundsätzlich kühl und trocken. Eine Raumtemperatur von 20 °C und eine Luftfeuchtigkeit von 65 % sollte möglichst nicht überschritten werden. Wichtige Vitamine bleiben nur dann weitgehend erhalten, wenn das Mehl vor direkter Sonneneinstrahlung geschützt ist. Optimal ist daher eine Aufbewahrung an einem dunklen, trockenen und kühlen Ort.

Getreidekornes können sich Schadstoffe ablagern, die zunächst entfernt werden müssen. Die Reinigung des Korns ist dadurch deutlich aufwendiger als bei Auszugsmehlen. Höherer Aufwand bei Getreideauswahl und Reinigung sowie eine kleinere Charge aufgrund der geringeren Nachfrage von Vollkornmehlen führen dann zusammen zum höheren Preis.

Schrot

Vollkornschrote enthalten wie auch Vollkornmehle sämtliche Bestandteile der gereinigten Getreidekörner einschließlich des Keimlings. Der Ausmahlungsgrad beträgt somit 100 %. Neben Vollkornschrot wird auch noch Backschrot (Weizenbackschrot Type 1700 und Roggenbackschrot Type 1800) angeboten. Backschrot unterscheidet sich vom Vollkornschrot durch das Fehlen des Keimlings. Da es kein Vollkornerzeugnis mehr ist, unterliegt es der Mehltypenbezeichnung. Backschrote und Vollkornschrote kommen in unterschiedlichen Mahlgraden (fein, mittel, grob, sehr grob) in den Handel. Oft wird noch als Zusatzinformation „scharf" oder „weich" angegeben. Daran können Sie die Vermahlungsart erkennen. Weiche Schrote werden durch ein quetschendes Vermahlen gewonnen, scharfe Schrotsorten dagegen durch ein schneidendes Vermahlen. In ihren Backeigenschaften zeichnen sich weiche Schrote durch bessere Wasseraufnahme aus, scharfe Schrote haben eher nachquellende Eigenschaften.

Backschrote sind länger haltbar als Vollkornschrote. Sie lassen sich zwei bis drei Monate aufbewahren, während Vollkornschrote wie Vollkornmehle nur höchstens vier Wochen haltbar sind. Brote, die aus Backschrot hergestellt sind, heißen Schrotbrote und sind keine Vollkornbrote. Vor der Verarbeitung sollte man Schrot mit heißem Wasser vorquellen lassen. Empfehlenswert sind hierbei mindestens vier Stunden Quellzeit.

Weizenmehl

Weizen ist das am häufigsten angebaute Getreide, es stammt von den Urgräsern Emmer und Einkorn ab und hat eine weiße Farbe mit leicht gelblichem Ton. Der Geruch von Weizenmehl ist angenehm und aromatisch frisch.

Wenn Sie ein Weizenkorn der Länge nach durchschneiden, können Sie die wesentlichen Bestandteile des Weizenkorns erkennen; den Mehlkörper, den Keimling und die Schale. Der Mehlkörper be-

Weizen.

steht zu 10 % aus Eiweiß, zu 70 % aus Stärke und zu 15 % aus Wasser, die restlichen Inhaltsstoffe kommen zusammen auf 5 %. Der Keimling liegt am Kornende; er ist reich an löslichen Eiweißstoffen, Fetten, Mineralstoffen und Vitaminen. Die Schale umhüllt den Mehlkörper und den Keimling. Die äußere Fruchtschale besteht aus mehreren Zellschichten und ist holzig und unverdaulich. Der Eiweißgehalt im Weizenmehl ist fast genauso groß wie im Eiklar eines Hühnereis. Weizen hat also einen besonders hohen Eiweißanteil, was die Backeigenschaften (das Gesamtverhalten eines Mehls bei der Gebäckherstellung) ganz entscheidend verbessert. Das Weizeneiweiß besteht im Wesentlichen aus zwei Eiweißarten, Gliadin und Glutenin. Bei der Zubereitung des Brotteigs nehmen sie das Doppelte ihres Eigengewichts an Wasser auf, sie quellen. Dabei verbindet sich das Eiweiß zu einer zähen und dehnbaren Masse, dem Kleber. Kleber gibt also dem Teig seine typischen Eigenschaften und hält dadurch die Gärgase im Teig.

Das hat dem Weizen deshalb eine unangefochtene Spitzenposition bei den Backgetreiden verschafft. Die Weizenstärke wiederum bindet beim Backen das Teigwasser, wodurch sich eine feste Gebäckkrume bildet. Erst durch die Stärke wird aus dem Teig ein Gebäck.

Roggenmehl

Roggen ist neben Weizen wohl das wichtigste Brotgetreide. Roggenmehl hat eine weiß-bläulich-graue Farbe, ist dunkler als Weizenmehl und sein Geruch ist typischerweise kräftig, aber angenehm. Roggenmehle haben eine andere Zusammensetzung als Weizenmehle. Sie enthalten mehr Amylasen (Enzyme, die Stärke in lösliche Zucker abbauen), löslichen Zucker und wasserbindende Pentosane (Schleimstoffe, die das Wasser binden) als diese, besitzen dafür aber weniger Stärke und weniger quellfähiges Eiweiß.

Roggen.

Teige, die vorwiegend aus Roggenmehl bestehen, müssen bei der Zubereitung gesäuert werden. Das hat verschiedene Gründe: Zum einen stabilisiert die Säuerung die Roggenbackfähigkeit, indem sie die Enzymtätigkeit hemmt, zum anderen verleiht sie dem Brot einen aromatischen Geschmack, lockert die Brotkrume und verbessert die Frischhaltung.
Die Säuerung kann auf verschiedene Weise erfolgen:

- indem ein Sauerteig (siehe Lockerungsmittel S. 32) oder teigsäuernde Backmittel wie etwa gesäuerte Quellmehle, saure Salze, getrocknete Sauerteigextrakte oder Sauerteigkonzentrate zum Brotteig

hinzugefügt werden (beachten Sie hierbei die Produktinformation des jeweiligen Herstellers), oder
- indem man Sauerteig mit teigsäuernden Backmitteln kombiniert verarbeitet.

Aufgrund seines geringen Eiweißgehalts ist der Roggen in seinen Backeigenschaften dem Weizen trotz der Säuerung unterlegen. Aus diesem Grund werden meist Roggenmischbrote hergestellt.

Im Brotbackautomat lässt sich reines Roggenbrot meist nur schwer verarbeiten. Da dem Roggenmehl das kleberbildende Eiweiß fehlt, ist der Teig nicht dehnbar, sondern eher schmierig. Er bleibt an der Backform kleben, und der Knethaken rührt im Leeren. Dennoch sollten Sie es auf einen Versuch in Ihrem Brotbackautomaten ankommen lassen. Wenn Sie auf Nummer sicher gehen wollen, mischen Sie Roggen- und Weizenmehl zusammen, um die positiven Eigenschaften beider Mehle auszunutzen. Diesen Mischteig können alle Brotbackmaschinen gut verarbeiten.

Vollkornmehle oder das ganze Korn zum Selbermahlen gibt es in Verbrauchermärkten, Reformhäusern, Naturkostläden oder in einer Mühle. Gekaufte Vollkornmehle können sehr unterschiedliche Backeigenschaften haben. Dies beruht auf den variablen Ernteergebnissen, die durch Wetter und Boden beeinflusst sind.

Dinkelmehl

Dinkelmehl wird aus dem Dinkelkorn (auch Spelz-, Schwaben- oder Alemannenkorn genannt), einer Urform des heutigen Weizens gemahlen. Das Korn ist schmaler als das Weizenkorn, seine Farbe ist goldgelb mit leicht rötlichem Einschlag. Dinkel ist zwar eine Weizenart, im Gegensatz zum heute üblichen Weizen gedeiht er aber selbst noch auf kargen, steinigen Böden in höheren Lagen. Umso aufwendiger aber ist es, Dinkel zu ernten und zu verarbeiten, denn Korn und Spelz sind fest miteinander verwachsen und müssen in zusätzlichen Arbeitsgängen voneinander getrennt werden.

Dinkel.

Deshalb wird Dinkel auch seltener angebaut als Weizen, der den Dinkel wegen dessen geringeren Ertrags verdrängte. Erst durch die Wiederentdeckung der Hildegard-Heilkunde und die wundersamen Heilungserfolge mit Dinkel hat sein Anbau wieder zugenommen.

Für die Brotbäckerei ist Dinkelmehl ein wertvolles Mehl mit hohem Eiweiß- und Klebergehalt. Dinkelprodukte sind aufgrund ihres großen ernährungsphysiologischen Werts, ihrer guten Bekömmlichkeit und ihres besonderen, leicht nussigen Aromas sehr beliebt. Manche Weizen-Allergikerinnen und -Allergiker vertragen übrigens die Dinkelmehle gut. Vermutlich hat das Gluten des Dinkels eine andere Eiweißsequenz als jenes des allergieauslösenden Weizens. Wissenschaftlich gesichert ist bislang lediglich, dass Dinkel bei Zöliakie (Glutenunverträglichkeit) gemieden werden muss, da er nicht glutenfrei ist.

Bekannter als das ausgereifte Korn ist Dinkel im noch unreifen Zustand. Dann spricht man von „Grünkern".

Grünkern ist unreif oder „grün" geernteter Dinkel, der durch das Rösten sein herzhaft würziges, nussiges Aroma gewinnt. Grünkern hat eine olivgrüne Farbe und glänzt leicht, im Gegensatz zum ausgereiften Dinkel ist er nicht backfähig. In der Küche wird Grünkern daher eher als Suppeneinlage, Reisersatz, Müsli oder als Brotaufstrich verwendet.

Was für „Getreide" gibt es noch?

Alle Getreidearten, aber auch zum Beispiel Kastanien, Linsen, Kichererbsen und die nachfolgend aufgezählten Sorten können zu Mehl vermahlen werden. Da sie kein Gluten (Klebereiweiß) enthalten, sind sie allein kaum backfähig, deshalb werden sie oft nur als Zusätze zum Brot verwendet.

Amaranth

... stammt aus Mittelamerika und zählt zu den Fuchsschwanzgewächsen, ist also botanisch gesehen kein Getreide. Eine Mischung aus Weizen und Amaranth deckt den Eiweißbedarf des Körpers in idealer Weise. Amaranthbrote eignen sich besonders für Schwerarbeiter und Spitzensportler. Das Brot sättigt gut, liegt nicht schwer im Magen und ist durch seinen fein nussigen, angenehmen Geschmack ein außergewöhnlicher Genuss. Da Amaranth kein Gluten (Kleber) enthält, lassen sich aus seinem Mehl nur flache Brote (Fladenbrote, Chappatis) oder Biskuit herstellen. Bei Verarbeitung zu Hefe- und Sauerteigbroten muss man Amaranthmehl mit Weizen- oder Roggenmehl vermischen. Es empfiehlt sich, einen Anteil von 30–40 % an der Gesamtmehlmenge zu verwenden.

Tipp *Wenn man Amaranthkörner für kurze Zeit stark erhitzt, platzen sie auf und man erhält aufgepuffte weiße Körnchen, ähnlich dem Popcorn. In dieser*

Form können Sie Amaranth als Müslibeimischung oder als Backzutat verwenden – oder Sie essen ihn einfach so. Für die Zubereitung geben Sie einen Esslöffel Amaranthsamen ohne Fett in eine heiße Bratpfanne und schließen den Deckel. Die Pfanne muss so heiß sein, dass die Körnchen sehr bald aufplatzen und nicht länger in der Pfanne liegen, da sie sonst verbrennen. Die aufgepufften Körner sind leicht und knusprig und besitzen einen angenehm nussigen Geschmack. Fertig gepufften Amaranth können Sie auch im Bioladen kaufen. Wenn Sie bis zu 5 % Amaranth in gepuffter Form in den Brotteig geben, erhalten Sie einen besonderen Wohlgeschmack und eine lockere Krume.

Buchweizen

... ist botanisch gesehen ebenfalls kein Getreide, sondern ein Knöterichgewächs, ähnelt aber in seiner Zusammensetzung dem Getreide. Buchweizen, auch Heidekorn, Sarazenenkorn, Türkenkorn oder Tatarenkorn genannt, ist den meisten aus der Vollwertküche bekannt. Anbauländer sind China, Brasilien, Kanada und Polen, angeboten wird er als ganzes geschältes Korn, als Grütze, Flocken oder Mehl. Ernährungsphysiologisch ist Buchweizen sehr hochwertig, bedingt durch seinen hohen Gehalt an lebenswichtigen Aminosäuren wie Lysin (stärkt Gehirn und Nerven), Vitaminen und Mineralstoffen. Da Buchweizen kein Gluten (Kleber) enthält, muss sein Mehl bei der Verarbeitung zu Hefe- und Sauerteigbroten mit Weizen-, Dinkel- oder Roggenmehl gemischt werden. Mit einem Anteil von 20–30 % an der Gesamtmehlmenge liegt man immer richtig.

Buchweizen.

Gerste

... ist eines der klassischen Getreide der Antike, vermutlich sogar das älteste, das der Mensch in Kultur nahm. Im alten Griechenland war Gerste das wichtigste Getreide. Sie wächst fast überall, ist anspruchslos und widerstandsfähig. Heute wird sie bei uns meist als Futtermittel in der Viehmast und zur Bierherstellung verwendet (das Malz besteht aus gekeimter und anschließend getrockneter Gerste) oder zu Malzkaffee verarbeitet. Da Gerste kaum Gluten enthält, ist es nur in Verbindung mit anderen Getreidearten zum Backen geeignet, am besten in einem Anteil von 20–40 % an der Gesamtmehlmenge.

Hafer

... hat von allen Getreidesorten den höchsten Gehalt an Fett, Eiweiß und Mineralstoffen, darunter insbesondere Kalzium. Wegen seines hohen Nährstoffgehalts und der leichten Verdaulichkeit wird Hafer besonders in der Säuglings- und Kinderernährung sowie bei Magen-Darm-Erkrankungen empfohlen. Da Hafermehl kaum Gluten enthält, muss bei der Verarbeitung zu Hefe- und Sauerteigbroten, Hafermehl mit Weizen-, Dinkel- oder Roggenmehl gemischt werden. Optimale Ergebnisse erzielt man mit einem Anteil von 20–40 % an der Gesamtmehlmenge.

Das bekannteste Haferprodukt sind die Flocken. Um sie herzustellen, werden die Haferkörner gedämpft, von Spelzen, Fruchtschale und Samenschale befreit (bei Vollkornflocken ist die Fruchtschale noch vorhanden) und zwischen rotierenden Walzen breitgedrückt. Haferflocken gibt es in unterschiedlicher Qualität, für deren Beurteilung Flockengröße, Geschmack und Spelzenfreiheit ausschlaggebend sind.

Hirse

... ist ein kleines goldgelbes Korn, das zu den Grundnahrungsmitteln in Afrika zählt. Man unterscheidet Millet oder echte Hirse von der Sorghumhirse, die weltweite Bedeutung hat. Hirse besitzt einen hohen Gehalt an Mineralstoffen, Fett, Eiweiß und Vitaminen. Die Körner reifen (wie der Reis) in Rispen und werden als entspelztes, ungeschältes Korn (in dem alle Inhaltsstoffe enthalten sind), als geschältes ganzes Korn (mit weniger Inhaltstoffen), als Flocken oder als Hirsemehl verkauft. Da Hirsemehl kein Gluten enthält, muss bei der Verarbeitung zu Hefe- und Sauerteigbroten Hirsemehl mit Weizen-, Dinkel- oder Roggenmehl gemischt werden. Ein Anteil von 20–40 % an der Gesamtmehlmenge ist optimal. Hirse ist leicht verdaulich, muss nicht vorgeweicht werden und gart im Vergleich zu anderen Getreidesorten recht schnell.

Teff

... ist ein altes äthiopisches Kulturgetreide, das auch als Zwerghirse bezeichnet wird. Man unterscheidet zwischen rotem, braunem und weißem Teff. Am ehesten kennt man Teff aus afrikanischen Restaurants, wo es als Zugabe für Injera-Brot (pfannkuchenähnliches Fladenbrot) dient.

Aufgrund seiner wertvollen Inhaltsstoffe wird Teff auch als Sportlernahrung und Nahrungsergänzungsmittel eingesetzt. Besonders Ausdauersportler, Diabetiker, Veganer und Menschen mit Zöliakie (Glutenunverträglichkeit) sowie Personen auf Diät schätzen Teff wegen seiner langsamen, aber lang anhaltenden Energienachlieferung. Teff hat einen hohen Eisen- und Calciumgehalt, ist reich an essenziellen Aminosäuren und hat einen hohen Anteil an Kohlenhydraten, die nur langsam freigesetzt werden. Da das Korn sehr klein ist (150-mal kleiner als ein Weizenkorn), wird stets das ganze Korn zu einem Vollkornprodukt verarbeitet. Teff hat ein nussiges

Aroma und einen leicht süßlichen Geschmack. Es kann wie normales Weizenmehl für Brot, Nudel- und Pizzateig, Kekse und Kuchen verwendet werden.

Kamut

... ist eine Urform des Weizens und nach dem ägyptischen Wort für Weizen benannt. Er hat einen sehr hohen Nährwert und enthält viel Eiweiß, Vitamine und Mineralstoffe. Kamut ist süßer als Weizen und hat ein butterartiges Aroma. Er stammt, zumindest bislang, grundsätzlich aus kontrolliert biologischem Anbau. Das Getreide spricht wie Dinkel schlecht auf Kunstdünger an und ist darum für die konventionelle Landwirtschaft uninteressant. Wegen des hohen Eiweißgehalts und der guten Klebereigenschaften eignet Kamut sich besonders gut für Backwaren.

Mais

... kommt ursprünglich aus Mexiko. Unter den Getreidearten ist er diejenige mit dem größten Korn. Mais ist auch unter der Bezeichnung Kukuruz (vor allem in Österreich), Türkischer Weizen oder Welschkorn bekannt, in den USA heißt er Corn. Es gibt verschiedene Sorten für unterschiedliche Verwendungszwecke, etwa Hartmais, Zahnmais, Mehlmais und Zuckermais. Mais enthält viel Fett, Kohlenhydrate, Mineralstoffe und Eiweiß, wobei Letzteres gegenüber anderen Getreidearten geringerwertig ist. Für die Brotbäckerei sind Maismehl, Maisvollmehl und Maisgrieß interessant. Da das Fett mitsamt dem darin löslichen Vitamin E größtenteils im Keim enthalten ist, geht es bei der Herstellung von Maismehl leider verloren; nur im Maisvollmehl ist der Keim enthalten. Maisgrieß wird ebenso wie das Mehl aus dem entkeimtem Korn gewonnen und auf glatten Walzen grob bis fein geschrotet und gemahlen.
Da Maismehl kein klebendes Gluten besitzt, ist es allein kaum backfähig und dient daher als Zusatz zum Brot oder wird zu Maisfladenbrot verbacken.

Quinoa

... auch Perureis oder Inkakorn genannt, gehört zu den Gänsefußgewächsen. Quinoa wird seit rund 5000 Jahren in Peru, Bolivien und in den Hochebenen der Anden angebaut. Die Inkas bezeichneten Quinoa als „Wunderkorn", da es sich durch einen hohen Nährwert auszeichnet. Quinoa enthält hochwertiges Eiweiß und ist sehr Vitamin- und Mineralstoffreich. Im Handel ist es als Schrot, Flocken,

Quinoa.

Keime oder Mehl erhältlich. Sein Geschmack ist nussig. Ähnlich dem Reis ist es eine glutenfreie Körnerfrucht und findet somit als schmackhafter Zusatz im Brot Verwendung.

Reis

... enthält als Vollkornreis wertvolle Vitamine im Keim. Die das Reiskorn umgebenden Schalen enthalten Ballaststoffe, die gut sättigen und verdauungsfördernd wirken. Weltweit gibt es sehr viele Reissorten, dennoch lassen sich drei Grundtypen unterscheiden: Lang-, Mittel- und Rundkornreis. Reis wird außerdem nach Form, Sorte und den Bearbeitungsverfahren unterschieden. Sein ernährungsphysiologischer Wert sinkt mit dem Bearbeitungsgrad des Reiskorns. Reismehl wird aus fein gemahlenen Reiskörnern hergestellt, und obwohl es keinen Kleber (Gluten) enthält, lässt er sich gut zu Fladen verbacken oder als Zusatz zum Brot verwenden.

Immer locker bleiben

Backwaren werden bei der Herstellung gelockert. Warum eigentlich? Ungelockerte Brote sind schwer, haben ein kleines Volumen und eine klitschige, unelastische Krume, beim Schneiden kleben sie, beim Kauen bleiben sie knetig-fest und schmecken unangenehm kratzig und wenig aromatisch. Außerdem liegen sie lange Zeit im Magen und sind schwer verdaulich und wenig bekömmlich. Mit einem Wort: Ungelockerte Backwaren sind für den Verzehr nicht geeignet! Deshalb benötigen wir fürs Brotbacken ein sogenanntes Lockerungsmittel, zum Beispiel Hefe, Sauerteig oder Backferment. Im Allgemeinen lockert man Backwaren entweder durch biologische, physikalische oder chemische Verfahren.

- Zur biologischen Lockerung zählt die Zugabe von Hefe, Sauerteig und Backferment, sie wird vornehmlich beim Brotbacken angewandt.
- Bei der physikalischen Lockerung werden Luft und Wasserdampf eingesetzt, etwa bei der Herstellung von Blätterteig, der durch den Druck von Wasserdampf gelockert wird. Beim Brotbacken würde diese Form der physikalischen Lockerung nicht funktionieren, da der Teig hier nicht in fettigen Schichten wie beim Blätterteig vorliegt.
- Die chemische Lockerung erfolgt entweder durch Backpulver, ABC-Trieb, Natron oder Pottasche (Kaliumcarbonat). Sie wird bei sehr fett- und zuckerhaltigen Teigen eingesetzt, in denen die Hefe nicht mehr gären kann, beispielsweise in Rühr- oder Mürbeteigen. Das eingesetzte Lockerungsmittel gibt durch chemische Reaktionen Gase frei, die den Teig dann lockern.

Hefe

Hefen sind Kleinlebewesen, die zu den niederen Pilzen zählen. Sie haben die Fähigkeit, Zuckerstoffe in Alkohol und Kohlendioxid zu vergären. Dieses Kohlendioxid „lüftet" den Teig. Hefe lebt! Deshalb braucht sie zunächst einmal Nahrung, und zwar Zucker, Eiweiße und stickstoffhaltige Mineralstoffe. Insgesamt ist daher Brotteig ein idealer Nährboden für Hefen. Da die Hefe Nährstoffe nur in gelöster Form aufnehmen kann, benötigt sie außerdem Wasser. Ein weicherer Teig mit mehr Flüssigkeit kann die Tätigkeit der Hefe fördern. Hefe mag es außerdem recht warm. Ihre Lebenstemperatur liegt zwischen 0 °C und 55 °C, ab 60 °C sterben die Hefezellen ab.

Zur „Verbrennung" der Nährstoffe und zur eigenen Vermehrung braucht die Hefe Sauerstoff. Dieser gelangt zum einen über das gesiebte (und somit belüftete) Mehl in den Teig, zum anderen aber auch mit dem Wasser und beim Knetvorgang. Und schließlich braucht die Hefe Energie, die sie aber selbst erzeugt. Ihr stehen zwei Wege der Energiegewinnung offen, zum einen die Veratmung von Zucker in Anwesenheit von Sauerstoff, zum anderen die Vergärung, wenn kein Sauerstoff vorhanden ist.

Bei der Veratmung spaltet die Hefe mit Hilfe von Sauerstoff den Zucker in Kohlendioxid und Wasser, wobei Energie entsteht.

Bei der Gärung spaltet die Hefe mit Hilfe des Gärenzyms Zymase Traubenzucker in Kohlendioxid und Alkohol. Die Hefe beginnt also zu gären, sobald im Teig entsprechende Lebensbedingungen vorliegen und die Zutaten vermischt sind. Die bei der Gärung entstehenden Gase lockern dann den Teig.

Im Handel ist die Hefe in verschiedenen Formen erhältlich: als Frischhefe, als Trockenhefe und als Instanthefe.

Frischhefe können Sie in Würfeln zu je 42 g kaufen. Achten Sie dabei immer auf das Frischedatum. Frische Hefe erkennt man an ihrer grau-gelblichen Farbe und daran, dass sie feucht ist. Angebrochene Frischhefe ist nur wenige Tage verwendbar. Die Außenschicht trocknet rasch zu einer harten Kruste, die sich nur noch schwer im Teig verteilen lässt und dessen Triebkraft verringert. Frischhefe muss im Kühlschrank gelagert werden, zum Einfrieren eignet sie sich nur bedingt. Tiefgekühlte Hefe verliert mit zunehmender Lagerdauer an Triebkraft, und sie ist nach dem Auftauen fließendweich und dann nicht mehr lagerfähig.

Als Faustregel rechnet man pro 500 g Mehl 25 g Frischhefe. Geben Sie den Hefewürfel nicht in einem Stück zum Teig, sondern zerbröseln ihn vor der Verarbeitung oder lösen Sie die Hefe im Wasser auf, sodass sie sich sofort verteilen kann. Für welche Methode Sie sich auch entscheiden, auf das Backergebnis im Brotbackautomaten hat es keinen Einfluss. Bedenken Sie nur eines: Frische Hefe hat einen intensiveren Hefegeschmack als Trocken- oder Instanthefe.

Lockerungsmittel: Backferment, Backpulver, Trockenhefe, Sauerteig und Hefe.

Trockenhefe ist im Haushalt eine echte Alternative. Sie besteht aus getrockneter Frischhefe mit einem Wassergehalt von nur 7 % (bei Frischhefe beträgt er etwa 75 %). Die Trocknung der Hefe geschieht durch einen warmen Luftstrom, der das Wasser schonend aus der frischen Hefe aufnimmt, sodass die Hefepilze am Leben bleiben. Durch ein spezielles Verfahren wird die pulverförmige Trockenhefe in ein rieselfähiges Granulat mit sehr guten Verarbeitungseigenschaften überführt und ist in der wasserdampfdichten Verpackung mindestens ein Jahr haltbar. Dadurch lässt sie sich sehr gut auf Vorrat halten. Trockenhefe hat sich durch ihre lange Haltbarkeit und die einfache Handhabung bei den meisten Brotbackautomatenbäckern bewährt.

Ein Päckchen Trockenhefe (10 g) entspricht 25 g (etwa einem halben Würfel) frischer Hefe und reicht für 500 g Mehl. Zum Verarbeiten streuen Sie das Hefepulver einfach in den Teig oder geben Sie es zum Mehl dazu.

Ich selbst verwende überwiegend Trockenhefe zum Backen, da die Verarbeitung und Dosierung sehr einfach ist und die lange Haltbarkeit es mir ermöglicht, jederzeit spontan ein Brot zu backen. Andererseits ist die Frischhefe weit weniger verarbeitet; wer auf Natürlichkeit beim Brotbacken Wert legt, ist also mit ihr gut beraten.

Sauerteig

Der Sauerteig ist, anders als sein Name denken lässt, kein eigenständig backbarer Teig, sondern, ähnlich wie die Hefe, ein wichtiger Bestandteil für kräftiges und herzhaft aromatisches Brot. Sauerteig wird überwiegend für Roggenbrote verwendet, da das Roggenmehl ohne Säurezusatz überhaupt nicht verbacken werden kann (siehe Roggenmehl). Allerdings macht er auch Weizen- und Weizenmischbrote würziger und haltbarer.

Im Naturkostfachhandel gibt es Sauerteigextrakt in trockener Form (getrockneter Sauerteig, Sauerteigpulver) von verschiedenen Herstellern. Flüssiger Sauerteig erfordert meist, das Brot über Nacht anzusetzen, was im Brotbackautomaten kaum möglich ist. Achten Sie daher beim Kauf darauf, dass Sie das richtige Sauerteigpulver (Sauerteigextrakt, trocken) kaufen.

Sauerteig war schon im alten Ägypten bekannt, als ein Mittel, um den Teig zu lockern und zu säuern. Er entsteht aus einem Gemisch von Mehl und Wasser, in dem sich spontan Milch- und Essigsäurebakterien vermehren. Diese produzieren eine natürliche Säure, die dem Brot seinen typischen Geschmack verleihen. Sauerteig ist im Handel als frischer, fertiger Sauerteig, als Extrakt in Pulverform oder flüssig erhältlich.
Als „Sauerteigersatz" können auch Buttermilch und oder Essig dienen. Dabei nutzt man die Tatsache, dass sowohl im Sauerteig als auch in Sauermilchprodukten wie der Buttermilch Milchsäure enthalten ist.

Im Durchschnitt werden zwischen 50 und 100 g Sauerteig auf 1 kg Mehl versäuert, für reines Roggenbrot bräuchte man einen Sauerteiganteil von 30 bis 40 %. Wenn Sie häufiger Sauerteigbrote backen, ist es billiger (und vielleicht auch schmackhafter), Ihren eigenen Sauerteig anzusetzen. Die Zubereitung ist nicht schwierig und wird Ihnen nach einer Weile, wenn Sie etwas Routine haben, ebenso leichtfallen wie das Backen mit Hefe. Aus geschmacklichen Gründen wird Sauerteig meist mit Vollkornmehlen (Weizen-, Roggen- oder Dinkelmehl) angesetzt, Sie können aber auch jede andere Mehlsorte dafür verwenden oder mehrere Mehlsorten mischen. Durch eine stufenweise Teigführung, also die unterschiedliche Behandlung des Teigs während seiner Herstellung, werden jeweils unterschiedliche Lebensansprüche der Kleinlebewesen im Sauerteig gefördert.

Durch die Bedingungen, die man beim „Führen" an den Teig ansetzt, kann man die Produktion der einzelnen Gärungserzeugnisse lenken. Weiche Teigführung bedeutet: viel Wasser weniger Mehl. Eine feste Teigführung hingegen mehr Mehl und weniger Wasser. Milchsäure *wird vor allem bei weicher Teigführung und Temperaturen von 35–40 °C gebildet.* Essigsäure *entsteht vor allem bei fester Teigführung und Temperaturen um die 20 °C.* Sauerteighefen *werden wiederum durch weiche, sauerstoffreiche Führung und Temperaturen von 24–26 °C in ihrer Vermehrung gefördert. An den unterschiedlichen Ansprüchen wird deutlich, dass diese im Sauerteig nicht zugleich in idealer Weise gefördert werden können. Daher wird oft in mehrstufigen Sauerteigführungen in jeder einzelnen Stufe jeweils ein besonderer Zweck erfüllt. Das optimale Verhältnis von Milchsäure zu Essigsäure ist 75–80 % Milchsäure zu 20–25 % Essigsäure.*

Ansetzen eines Sauerteigs

1. Stufe: 100 g Vollkornmehl und 100 ml lauwarmes Wasser (25–30 °C) zu einem dickflüssigen Teig verrühren (etwa wie Waffelteig). In einer Schüssel zugedeckt 24 Stunden an einem warmen Ort (optimal sind 30 °C) stehen lassen. (Die Milchsäurebakterien vermehren sich.)

2. Stufe: Anschließend noch einmal 100 g Vollkornmehl und 100 ml lauwarmes Wasser dazugeben, gut verrühren und erneut 24 Stunden an einem warmen Ort (etwa 25 °C) stehen lassen. (Essigsäure entsteht.)

3. Stufe: Nun 200 g Vollkornmehl und 200 ml lauwarmes Wasser dazugeben und wieder 24 Stunden an einem warmen Ort (25 °C) stehen lassen. Jetzt gärt der Teig, und die Säure- und Aromastoffe werden optimiert. Anschließend müsste der Teig so säuerlich riechen und schmecken, dass man beim Probieren das Gesicht verzieht. Falls noch immer keine Säure vorhanden ist, den Teig einen weiteren Tag stehen lassen.

In der Regel dauert es 3 bis 5 Tage, bis der Sauerteig fertig ist. Wenn Sie ganz sicher sein wollen, dass Ihr selbst angesetzter Sauerteig gelingt, geben Sie dem Ansatz in der 1. Stufe 50 bis 100 g fertigen Sauerteig bei.

Nach der 3. Stufe haben Sie 800 g fertigen Sauerteig, den Sie direkt verarbeiten können. Dazu die im Rezept angegebene Sauerteigmenge abwiegen und dem Mehl mit den übrigen Zutaten hinzugeben. Damit Sie die ganze Prozedur nicht immer wiederholen müssen, geben Sie von dem Rest etwa zwei Handvoll Sauerteig in ein Schraubdeckelglas (zum Beispiel ein Marmeladenglas) und bewahren dieses im Kühlschrank auf. So hält sich der Sauerteig mindestens eine Woche für den nächsten Backtag.

Aufbewahrten Sauerteig benötigt man beim Neuansatz als sogenanntes Anstellgut. Um wieder neuen Sauerteig zu erhalten, benötigen Sie 20 % der zu versäuernden Mehlmenge als Anstellgut, also beispielsweise, 80 g Anstellgut + 400 g Roggenmehl + 400 ml Wasser.

Es soll übrigens Sauerteig geben, der durch regelmäßige Backtage von Generation zu Generation weitergegeben wurde und inzwischen hundert Jahre alt ist.

Tipp *Schneller und für viele einfacher geht es mit einer Starterkultur aus dem Reformhaus oder vom Bäcker.*

Dieser Sauerteigansatz muss nur einen Tag lang warm (bei ca. 30 °C) stehen:

1 großes Einmachglas (1 l)
50 g Roggenvollkornmehl
100 ml lauwarmes Wasser
15 g Honig

Sauerteig aus glutenfreien Mehlen:

300 g Reismehl
100 g Kastanienmehl
30 g frische Hefe
2 EL Zucker
800 ml lauwarmes Wasser

Aus den Zutaten einen glatten Teig rühren und zugedeckt an einem warmen Ort 48 Stunden stehen lassen. Der Sauerteig hält sich im Kühlschrank etwa 8 Tage oder in der Tiefkühltruhe bis zu einem halben Jahr.

Backferment

Hefe und Sauerteig sind den meisten ein Begriff, etwas anders steht es mit dem eher unbekannten Backferment. Es wurde in den 1930er-Jahren von dem Erfinder Hugo Erbe erdacht. Ihm schwebte ein Gärstoff vor, mit dem man sämtliche Getreidesorten zu gesunden Broten verarbeiten kann, und das auf rein natürlicher Basis. So entwickelte er ein Ferment, das mit Weizenvollkornschrot, Erbsen und Bienenhonig auf Zutaten basierte, die ohne zusätzliche Hilfsmittel in spontane Gärung übergingen.

Das Backferment, das es heute in Reformhäusern und Bioläden als trockenes Granulat oder als Grundansatz zu kaufen gibt, ist ein mildsaures Backtriebmittel aus Honig, Getreide und Hülsenfrüchtemehl.

Um das Ferment auch Zöliakiekranken zugänglich zu machen, wurde 1991 zusätzlich eine glutenfreie Variante auf Maisbasis entwickelt.

Die Wirkung des Ferments beruht auf einem Gäreffekt, der durch die Mischung von Honig mit Wasser entsteht. Mit Backferment hergestellte Brote oder Brötchen sind für Menschen mit empfindlichem Verdauungstrakt bekömmlicher als das mit Hefe oder Sauerteig gebackene Brot. Backfermentbrote sind zudem aromatisch und bleiben lange frisch. Obwohl nie so bezeichnet, handelt es sich beim Backferment im Grunde um einen milden Sauerteig. Wie beim Sauerteig wird auch hier ein Grundansatz hergestellt.

Bio-Anbieter stellen ihre Brote heute meist mit Backferment her, da es aus rein natürlichen Zutaten besteht. Ihre bessere Bekömmlichkeit, der aromatische Geschmack und ihre längere Frischhaltung überzeugen beim Kauf.

Grundansatz für Backferment

1. Stufe: 20 g Backferment in 220 ml warmem Wasser (ca. 40 °C) klümpchenfrei auflösen. Ein Gemisch aus 100 g mittelgrobem Weizenschrot und 100 g feinem Weizenvollkornmehl dazugeben. Alles zu einem weichen Teig verrühren. Diesen Teig 12 bis 24 Stunden zugedeckt an einem warmen Ort stehen lassen. Die günstigste Teigtemperatur liegt bei 28–30 °C. Diese erreichen Sie am besten im geschlossenen ungeheizten Backofen bei eingeschaltetem Backofenlicht.

2. Stufe: 100 ml warmes Wasser (etwa 40 °C) und ein Gemisch aus 150 g mittelgrobem Weizenschrot und 150 g feinem Weizenvollkornmehl unter den Teig rühren. Den Teig wieder gut verschlossen 5 bis 12 Stunden ins

Warme stellen. Der Ansatz ist fertig, wenn sich das Teigvolumen ungefähr verdoppelt bis verdreifach hat.

An der Oberfläche des Grundansatzes bildet sich bei längerer Lagerung manchmal ein grauer Belag. Dieser besteht aus arteigenen Hefen und kann bedenkenlos mitverwendet werden.

In einem Schraubglas im Kühlschrank hält sich der Grundansatz etwa 4 Wochen.

Für alle Fermentbrote benötigen Sie zum Verbacken von 1 kg Mehl oder Schrot 10 g Grundansatz.

Backpulver

Backpulver ist ein Gemisch aus Natron, sauren Salzen oder Säuren und Trennmitteln. Natron liefert das Kohlendioxid (CO_2), die Salze oder Säuren (Weinsäure, Zitronensäure) dienen als Kohlendioxidentwickler. Trennmittel (Stärkemehl, Getreidemehl, Calciumcarbonat) dienen zur Trockenhaltung des Backpulvers während der Lagerung. Backpulver lockert die Gebäcke durch gasförmiges Kohlendioxid, das durch Hitze- und Säureeinwirkung aus dem Natron des Backpulvers freigesetzt wird. Bei der chemischen Verbindung von Säuren oder Salzen mit Natron entsteht ein Salz, das im Gebäck verbleibt und ihm den typischen „Backpulvergeschmack“ verleiht. Durch die verarbeiteten Zutaten wird dieser jedoch weitgehend überlagert.

Bei der Brotbereitung hat sich Backpulver nicht durchgesetzt, weil das damit gelockerte Brot fad und strohig schmeckt.

Flüssigkeiten

Hauptsächlich werden Wasser und Milch verwendet, es eignen sich aber auch Frucht- und Gemüsesäfte, Buttermilch oder Joghurt. Wie alle anderen Zutaten, die man in den Brotbackautomaten gibt, müssen auch die Flüssigkeiten Zimmertemperatur haben (kühl bis lauwarm).

Milch

Milchhaltige Gebäcke haben im Vergleich zu wasserhaltigen ein größeres Volumen, und die Kruste ist kräftiger gebräunt, was auf dem Milchzucker beruht. Außerdem ist die Krume bei milchhaltigen Gebäcken wattig-zart und feinporiger, die Gebäcke haben einen höheren Genusswert (sie schmecken einfach besser) und bleiben länger frisch.

Die Milch sollte ebenfalls zimmerwarm sein.

Wenn die Rede von Milch ist, dann ist damit ausschließlich Kuhmilch gemeint. Stammt sie von anderen Tieren, muss, so will es das Gesetz, der Name der Tiergattung, etwa die Ziege bei der Ziegenmilch, genannt werden.

Milch besteht zum größten Teil aus Wasser (87,5 %), Milchfett, Milcheiweiß, Milchzucker und Mineralstoffen wie Kalzium, Kalium und Phosphor. Die festen Nährstoffe schwimmen fein verteilt oder gelöst in der Milch.

Man unterteilt Milch nach verschiedenen Milchsorten. Die völlig unbehandelte Kuhmilch wird als Rohmilch bezeichnet, die man direkt beim Erzeugerhof kaufen kann. Da sie aber nicht wärmebehandelt, sondern nur gekühlt ist, sollte man sie vor dem Verzehr abkochen.

Bei der Vorzugsmilch handelt es sich um verpackte Rohmilch mit einem natürlichen Fettgehalt von mindestens 3,5 %. Auch hier ist es empfehlenswert, die Milch zumindest für Kleinkinder und Säuglinge abzukochen. Vollmilch ist wärmebehandelte Rohmilch, teilentrahmte Milch ist zwar auch wärmebehandelt, hat aber nur einen Fettgehalt von 1,5 bis 1,8 %. Entrahmte Milch wiederum darf nur maximal 0,3 % Milchfett enthalten.

Welche Milchsorte Sie für Ihr Brot verwenden, hat auf das Backergebnis keinen Einfluss, wählen Sie also einfach nach Geschmack und eigenen Vorlieben aus.

Milchprodukte

Zu den Milchprodukten zählen unter anderem Sauermilch, Joghurt, Kefir, Sahne, Buttermilch und Käse. Sie alle lassen sich zum Brotbacken verwenden.

Sauermilch entsteht, wenn Milchsäurebakterien und andere Aromabakterien den Milchzucker vergären. Die Säuerung kann gezielt durch Zusatz von Reinzuchtkulturen herbeigefügt werden oder spontan erfolgen, wenn Milch warm aufbewahrt wird. Sauermilch hat, wie der Name schon sagt, einen sauren Geschmack.

Bei der Herstellung von Joghurt vergären spezielle Milchsäurebakterien den Milchzucker. Die Milch wird dick und ist dabei von besonders feinflockiger Beschaffenheit. Joghurt zeichnet sich durch seinen angenehmen frischen, leicht säuerlichen, aromatischen Geschmack aus. Er wird in vier verschiedenen Fettgehaltsstufen angeboten: Joghurt aus Magermilch mit maximal 0,3 % Fett, aus fettarmer Milch mit 1,5 bis 1,8 % Fett, aus Vollmilch mit 3,5 bis 4 % Fett und als Sahnejoghurt aus Sahne mit mindestens 10 % Fett.

Kefir unterscheidet sich von anderen Sauermilchprodukten in der Herstellung. Statt reiner Sauermilchbakterien werden der Milch sogenannte Kefirpilze zugesetzt, knollenartige Gebilde, die aus Hefen, Bakterien und den

von ihnen produzierten Eiweißen, Fetten und Mehrfachzuckern bestehen. Das schäumende, alkohol- und kohlensäurehaltige Getränk entsteht bei der Vergärung des Milchzuckers durch verschiedene Hefearten, Milchsäurebakterien und Kefirbazillen.
Sahne hat einen wesentlich höheren Milchfettanteil als Milch. In sogenannten Separatoren (Zentrifugen) wird der fettreiche Milchanteil von der übrigen Milch (Magermilch) abgetrennt. Sahne erhöht nicht nur den Nährwert, sondern auch den Genusswert von Gebäcken.
Buttermilch fällt an, wenn Sahne (Rahm) zu Butter geschlagen wird. Wegen des Säuregehalts schmeckt sie auch erfrischend als Getränk.
Käse wird nach der Käseverordnung eingeteilt in Hart-, Schnitt-, halbfesten Schnitt-, Weich-, Frisch- und Sauermilchkäse. Weiterhin wird nach verschiedenen Fettstufen und nach der Milch unterschieden, die zwar hauptsächlich von der Kuh stammt, bei einigen Spezialitäten aber auch von Schaf, Ziege oder Büffel.

Buttermilch schmeckt auch im Brot lecker ...

Fett

Brot erhält durch Fett einen höheren Genusswert, eine längere Frischhaltung und einen höheren Nährwert. Außerdem verbessert es die backtechnischen Eigenschaften, da Fettzugaben den Teig weicher machen und das Brotvolumen sowie die Krumenbeschaffenheit verbessern. Butter ist als Teigzutat ebenso gut geeignet wie Backmargarine oder Speiseöle. Fette gibt es flüssig (Öl), weich (Magarine) oder fest (Rindertalg). Geschmacklich bestehen bei den Fetten natürlich Unterschiede, doch hat es auf das Backergebnis im Brotbackautomaten keinen Einfluss, ob Sie Butter, Margarine oder Speiseöl verwenden. Ich benutze überwiegend weiche oder flüssige Butter, da sie einen besonders gehaltvollen Geschmack besitzt, oder aber jeweils zum Brot passende Speiseöle wie etwa Kürbiskernöl zum Kürbiskernbrot.

Butter ist eine Wasser-in-Milchfett-Emulsion. Sie enthält neben dem Milchfett (82 %) vor allem Wasser (16%), Milchzucker und Milcheiweiß. Das Säuerungsverfahren beeinflusst den Geschmack der Butter. Hier wird unterschieden in Landbutter (die in einem landwirtschaftlichen Betrieb aus eigener Milchproduktion hergestellt sein muss), Süßrahmbutter (mit sahnig-mildem Geschmack), Sauerrahmbutter (aus gesäuertem Rahm, mit kräftigem Geschmack) und mildgesäuerte Butter (die geschmacklich zwischen Sauer- und Süßrahmbutter liegt). Butter behält bei kühler Lagerung unter 12 °C bis zu 20 Tagen ihre volle Qualität. Verwenden Sie nur weiche Butter (Zimmertemperatur), denn harte lässt sich im Teig nicht richtig verteilen.

Margarine ist eine Wasser-in-Öl-Emulsion. Ihre Zusammensetzung ähnelt der von Butter (80 % Fett, 20 % Wasser) und wird daher häufig als „Butterersatz“ verwendet. Längst nicht mehr alle Margarinen sind heute noch rein pflanzlicher Herkunft, oft bestehen sie nur zu etwa 60 % aus Pflanzenfett, den Rest machen Molke und tierische Fette wie Fisch- oder Walöl, Rindertalg und Schweineschmalz aus. Margarine behält bei kühler Lagerung unter +16 °C bis zu zehn Wochen ihre volle Qualität.

Speiseöle sind reich an ungesättigten Fettsäuren. Die im Handel angebotenen Speiseöle entstammen entweder einer einzigen Pflanzenart oder wurden aus mehreren Pflanzenölen zusammengemischt. Gemischte Öle werden als Tafelöl, Speiseöl oder Pflanzenöl bezeichnet und meist unter Markennamen verkauft. Sie sind im Allgemeinen preiswerter als sortenreine Öle.

Zu den bekanntesten Speiseölen gehören zum Beispiel Distelöl, Erdnussöl, Rapsöl, Sesamöl, Sonnenblumenöl oder spezielle Öle wie Walnussöl, Kürbiskernöl oder Traubenkernöl. Diese Öle zeichnen sich durch einen feinen würzigen Geschmack aus. Speiseöl können Sie direkt mit der Flüssigkeit zum Teig geben.

Eier

Keine andere Backzutat hat so vielfältige Aufgaben wie Eier. Sie verbessern die Beschaffenheit von Teigen und deren Genusswert, vergrößern das Volumen und machen die Krume feinporiger. Außerdem dienen sie zur Krustenbräunung und verbessern die Frischhaltung von Gebäcken.

Woher Ihr Ei kommt, welches Gewicht und welche Güte es hat, können Sie am Stempel auf dem Ei oder an der Verpackung erkennen. Nach der EWG-Verordnung gibt es drei Güteklassen: Klasse A („frisch“), Klasse B („2. Qualität“ oder „haltbar gemacht“), Klasse C („aussortiert, für die Nahrungsmittelindustrie bestimmt“).

Im Handel werden praktisch nur Eier der Klasse A angeboten. Eier der Güteklassen B und C müssen entsprechend gestempelt sein.

In der Europäischen Union werden Eier in den vier Gewichtsklassen S (unter 53 g), M (53 g bis unter 63 g), L (63 g bis unter 73 g) und XL (ab 73 g) angeboten. Wenn in einem Rezept nur „Eier“ steht, sind meist solche der Gewichtsklasse M gemeint.

Seit 01.01.2004 muss auf allen Eierverpackungen die Haltungsform angegeben sein: Eier aus Freilandhaltung, aus Bodenhaltung oder aus Käfighaltung. Außerdem müssen die Eier mit einem Code versehen sein, der Aufschluss über die Art der Hühnerhaltung, über das Herkunftsland oder -bundesland des Eis und den produzierenden Betrieb gibt.

Der Eier-Code 0 – DE – 12 – 34567 besagt zum Beispiel Folgendes: Die erste Ziffer gibt die Art der Hühnerhaltung an: 0 bedeutet Bio-Freilandhaltung, 1 bedeutet Freilandhaltung, 2 Bodenhaltung und 3 Käfighaltung. Das Buchstabenkürzel an zweiter Stelle steht für das Herkunftsland (DE = Deutschland), die dritte Ziffer bezeichnet das Bundesland (12 = Brandenburg) und die vierte Ziffer den Betrieb und Stall.
Eine persönliche Bitte: Verwenden Sie möglichst nur Eier aus Bio- oder Freilandhaltung (Ziffer 0 oder 1) und keinesfalls solche aus Käfighaltung (Ziffer 3)!

Salz

Kochsalz ist für die Brotherstellung das wichtigste Würzmittel überhaupt; erst das Kochsalz verleiht dem Brot seinen eigentlichen Genusswert. Darüber hinaus verbessert die Zugabe von Salz aber auch ganz entscheidend die backtechnischen Eigenschaften des Brotes.

Die übliche Salzmenge beträgt 2 % der Mehlmenge, das sind also 20 g (oder etwa 1 Esslöffel) Salz auf 1 kg Mehl. Ob Sie nun Kräuter-, Jod- oder Fluorsalz oder aber normales Salz verwenden, hat auf die backtechnischen Eigenschaften des Brotes im Brotbackautomaten keinen Einfluss, wohl aber auf seinen Geschmack und den Gehalt an Nährstoffen und Mineralien.

Süße

Zucker und alternative Süßungsmittel bieten viele Möglichkeiten, sein Leben – in welcher Form auch immer – etwas zu versüßen. Jede Süßigkeit hat seinen typischen Geschmack und seine speziellen Einsatzgebiete.

Zucker

Für das Brotbacken verwendet man meist Raffinade oder Weißzucker. Raffinade unterscheidet sich vom Weißzucker durch einen höheren Reinheitsgrad, der aber für die Brotherstellung ohne Bedeutung ist.

Im Brotteig sorgt Zucker nicht nur für den süßen Geschmack, sondern hat auch backtechnische Vorteile. Er ist eine wichtige Nährstoffquelle für die Hefebakterien und ist somit dafür verantwortlich, dass das Brot besser aufgeht. Außerdem verstärkt er die Krustenbräunung.

Anders als beim Salz gibt es für Zucker keinen pauschalen Wert für die Zugabemenge. Je nachdem, ob Sie ein süßes Hefeteig- oder ein herzhaftes Bauernbrot backen wollen, können Sie mehr oder weniger Zucker verwenden. In meinen Rezepten liegt daher die Zuckermenge zwischen 10 und 200 g pro Kilogramm Mehl.

Brauner Zucker und Vollrohrzucker

Brauner Zucker erhält seine Farbe dadurch, dass er entweder nicht so stark raffiniert wird wie weißer Fabrikzucker oder man ihn nachträglich mit Sirup färbt. Beliebt ist er vor allem wegen seines malzigen Geschmacks. Vollrohrzucker ist der pure, getrocknete Saft des Zuckerrohrs und enthält noch dessen ganze Vitamine, Mineralstoffe und Spurenelemente. Er hat eine goldbraune Farbe und schmeckt leicht nach Karamell.

Honig und Zucker – für den Geschmack.

Sie können weißen Zucker nach Belieben durch seine braune Spielart ersetzen, aber auch durch Honig, Malzextrakte, Dicksäfte, Ahornsirup, Zuckerrübensirup oder Zuckeraustauschstoffe. Beachten Sie hierbei jedoch die Süßkraft der einzelnen Produkte, die sehr unterschiedlich ausfallen kann. Halten Sie sich dabei immer auch an die Herstellerangaben.

Honig

Honig ist eines der ältesten Nahrungsmittel der Menschheit und heute wie damals ein reines Naturprodukt. Im Handel gibt es über 100 Honigsorten, die verschiedenste Bezeichnungen tragen und sich in mehrerlei Hinsicht unterscheiden.

Aroma, Farbe und Geschmack werden durch die Pflanzen bestimmt, von denen die Bienen Blütennektar oder Sekrete aufnehmen. Im Allgemeinen sind helle Honigsorten meist mild und schmecken süß, während dunklere Sorten eher einen kräftigen Geschmack aufweisen und weniger süß sind.

Damit das wertvolle Aroma und die empfindlichen Inhaltstoffe des Honigs lange erhalten bleiben, sollten Sie ihn an einem kühlen, trockenen, geruchsneutralen und dunklen Ort aufbewahren.

Jedes dieser Süßungsmittel wartet mit speziellen Inhaltsstoffen und Geschmacksnoten auf und kann in der Brotbäckerei den persönlichen Vorlieben entsprechend eingesetzt werden.

Dicksäfte

Obstdicksäfte und Sirup werden aus Fruchtsaft gewonnen, meist aus Agaven-, Ahorn-, Apfel- oder Birnensaft. Bei der Herstellung wird der Saft entsäuert, geklärt und eingedickt. Für einen Liter Birnendicksaft benötigt man zehn Liter Birnensaft. Obstdicksäfte lassen sich vielseitig einsetzen, haben aber einen ausgeprägten Eigengeschmack.

Zuckeraustauschstoffe.

Zuckeraustauschstoffe

Zu den Zuckeraustauschstoffen zählen die künstlichen Süßstoffe (Saccharin, Cyclamate) und die natürlichen Süßstoffe (Fruktose, Stevia, Sorbit, Mannit, Xylit).

Diese Süßungsmittel werden meist zur Herstellung von Diabetikererzeugnissen verwendet. Süßstoffe findet man im Handel als Streusüße, Tabletten und in flüssiger Form. Beim Backen verteilt sich der Süßstoff besser, wenn man ihn in eine Flüssigkeit (zum Beispiel Wasser, Ei oder Joghurt) einrührt. Süßstoffe besitzen keinen Nährwert, haben aber eine um 30- bis 3000-fach höhere Süßkraft als Zucker.

Beim Backen bewirken sie eine im Vergleich zum Zucker stärkere Krustenbräunung und einen leicht metallischen Geschmack. Letzteren können Sie aber durch den Zusatz von zum Beispiel Ölsamen oder Kakao überdecken. Gegenüber Zucker hat Saccharin eine 400- bis 500-fache Süßkraft, Cyclamat eine 35-fache, Fruktose eine 170-fache Süße und Sorbit eine 60-fache Süßkraft.

Trockenobst, Schalenobst, Körner & Samen

Einige der nachfolgenden Rezepte beinhalten die Zugabe von Trocken- oder Schalenobst, von Körnern, Ölsamen oder auch Kräutern. Damit die Früchte, Nüsse, Ölsamen und Kräuter durch den Rühreinsatz des Brotbackautomaten nicht zerschlagen werden und sich dennoch gleichmäßig im Teig verteilen können, werden sie dem Teig zu einem späteren Zeitpunkt zugefügt. In der Regel gibt man sie erst nach dem zweiten Knetgang oder nach entsprechendem Signalton des Backprogramms hinzu. Der Knetvorgang wird dazu für einen Moment unterbrochen – beachten Sie hierfür die Gebrauchsanweisung Ihres Brotbackautomaten. Je nach Brotgröße sollten Sie nicht mehr als 50 bis 100 g der jeweiligen Zutat hinzugeben, da der Brotteig sonst seine Stabilität und Form verliert und das gebackene Brot dann keine feste Krume mehr hat.

Trockenobst ist zu jeder Jahreszeit verfügbar, lange lagerfähig und recht preisgünstig. Dafür sind die Früchte nicht so aromatisch wie das frische Obst. Beim Trockenobst unterscheidet man Dörrobst und Trockenfrüchte. **Äpfel** beispielsweise zählen zum **Dörrobst**, ebenso wie Aprikosen und Zwetschgen. Diese Früchte sollten Sie, bevor Sie sie verarbeiten, einen Tag in kühlem bis lauwarmem Wasser quellen lassen, da sie sonst dem Teig Flüssigkeit entziehen. Zu den **Trockenfrüchten** zählen zum Beispiel Rosinen, Datteln und Feigen. Diese Früchte müssen Sie vor dem Verarbeiten nicht einweichen, allerdings sollten Sie sie mit kaltem Wasser abwaschen. Die größeren Früchte zerkleinern Sie am besten, dadurch verteilen Sie sich besser im Teig, und das gebackene Brot lässt sich später leichter schneiden.

Rosinen sind sehr zuckerreiche, getrocknete Weintrauben. Die Trocknung erfolgt überwiegend am Weinstock. Für Backwaren am beliebtesten sind Sultaninen. Diese kernlosen Trauben sind besonders aromatisch und sehr süß. Waschen Sie die Rosinen vorher mit kaltem Wasser ab und lassen Sie sie gründlich abtropfen.

Unter Schalenobst versteht man Früchte, deren Kern von einer harten, ungenießbaren Schale umschlossen ist. Dazu zählen unter anderem Nüsse wie Wal- und Haselnüsse, Erdnüsse, Mandeln, Maronen oder Pistazien. Die Fruchtkerne von Schalenobst werden im Handel im Ganzen oder halbiert, gehobelt, gestiftet, gehackt, gerieben oder gemahlen angeboten. Sie enthalten Ballaststoffe, Aromastoffe (vorwiegend als ätherische Öle) und Vitamine. Da man sie gewöhnlich ohne Schale kauft, sind sie auch nicht so lange haltbar, besonders wenn man die Verpackung schon geöffnet hat. Lagern Sie sie deshalb kühl und trocken, an einem dunklen und geruchsarmen Ort.

Getreide können Sie als ganzes Korn verwenden. Allerdings sollten Sie die Körner vor der Verarbeitung einen Tag in lauwarmem Wasser quellen lassen, damit sie Wasser aufnehmen können. Sie entziehen sonst dem Teig zu viel Flüssigkeit.

Weitere schmackhafte Backzutaten sind Ölsamen wie zum Beispiel Leinsamen, Sonnenblumenkerne oder Sesam. Die Brote bekommen durch den zusätzlichen Fettgehalt der Ölsamen einen höheren Nährwert, die backtechnischen Eigenschaften des Brotes verändern sie dagegen nicht. Wegen ihres hohen Fettgehalts sind Ölsamen ebenso wie Nüsse nur begrenzt haltbar.

Sesamsamen sind die geschälten (oder ungeschälten) Körner des Sesamkrautes. Für einen intensiveren Geschmack können Sie die Samen vor der Verarbeitung in einer Pfanne ohne Fett ein wenig anrösten. Sonnenblumenkerne werden wie Sesamkörner verwendet. Auch sie lassen sich sowohl geröstet als auch ungeröstet in den Teig geben. Beim Leinsamen ist die Vorgehensweise eine andere. Wegen ihres enormen Quellvermögens muss man ganze Leinsamenkörner zunächst mit ungefähr der doppelten Gewichtsmenge an Wasser einweichen lassen, bei kochend heißem Wasser reichen 2 bis 4 Stunden, oder Sie lassen die Samen über Nacht stehen. Je nach eingesetzter Leinsamenmenge und der Größe des Brotes müssen Sie dann das aufgenommene Wasser vom Grundrezept abziehen. Um den Geschmack nach Leinsamen zu betonen, können Sie etwa ¼ der Gesamtmenge in geschroteter Form hinzugeben.

Gewürze

Beliebte Gewürze fürs Brotbacken sind zum Beispiel Koriander, Kümmel, Anis und Fenchel. Diese gibt es bereits gemischt und verpackt als „Brotgewürz“ im Handel zu kaufen. Ich empfehle Ihnen aber, die Gewürze frisch und unzerkleinert zu kaufen, denn frisch gemahlen oder zerdrückt setzen sie ätherische Öle frei und entfalten erst so ihr volles Aroma. Zum Zerklei-

nern der Gewürze eignen sich kleine Gewürzmühlen oder Porzellanmörser, die Sie im Fachhandel erhalten.

Gewürze sollten Sie in lichtundurchlässigen und luftdicht verschlossenen Behältern aufbewahren, da sich die Geruchs- und Geschmacksstoffe sonst verflüchtigen. Kaufen Sie Gewürze deshalb auch nur in kleinen Mengen, da das Aroma bei längerer Lagerung verfliegt. Gehen Sie grob von einem Esslöffel Gewürz auf 1 kg Mehl aus, aber letzten Endes bestimmen allein Ihr Geschmack und Ihre Fantasie über die richtige Menge an Gewürzen.

Superfoods

In den USA sind die sogenannten Superfoods bereits in aller Munde. In Deutschland erleben sie gerade ihren Durchbruch und feiern Einzug in unsere Bioläden. Darum möchte ich hier einen kleinen Einblick in all die „Superfoods" geben, die man in der Brotbäckerei zum Backen eines „Superbrotes" nutzen kann.

Der Begriff „Superfood" ist nicht klar definiert, man versteht darunter zumeist Lebensmittel, die die Gesundheit stärken und einen besonders hohen Gehalt an Nährstoffen besitzen. Sie stammen nicht aus dem Labor oder von hochgezüchteten Pflanzen, sondern sind altbewährte Naturprodukte.

Ich persönlich kann mich dieser Definition von „Superfoods" mit gutem Gewissen anschließen: nährstoffreiche, ressourcenschonend hergestellte Lebensmittel, mit denen man seinen Speiseplan sinnvoll bereichern kann – auch wenn sie bestimmt keine Allheilmittel für alle möglichen Zipperlein sind. Denn um eine ausgewogene Versorgung mit Nährstoffen zu gewährleisten, müssen wir uns vielfältiger ernähren, anstatt uns lediglich auf eine Handvoll Superfoods zu konzentrieren:

- Rohkakao steht in dem Ruf, höchste Gehalte an Antioxidantien und Ma-

gnesium zu haben und außerdem sehr viel Eisen und Vitamin C zu enthalten. Und nicht umsonst heißt es, Schokolade mache glücklich: Rohkakao weist tatsächlich hohe Konzentrationen der sogenannten „Liebes-und Glücksmoleküle" PEA (beta-Phenylethylamin) und Anandamid auf. Kakao eignet sich zudem hervorragend als Backzutat – für verführerische Schokobrötchen oder Schokobrote.

- „Grüne" Superfoods wie etwa die Sprossen von Sonnenblumen, Alfalfa, Bockshornklee, Kresse und Linsen können ganz einfach und das ganze Jahr hindurch zu Hause gezogen werden.
- Getreidegräser wie Dinkel, Emmer, Gerste oder Weizen lassen sich ebenfalls einfach ziehen und entsaften. Grüne Säfte wie zum Beispiel Weizengrassaft sind wahre Nährstoff- und Chlorophyllbomben.
- Mikroalgen wie Chlorella, Spirulina oder die AFA-Alge (Grüne Spanalge)

Verschiedene Gewürze – für jeden Geschmack das richtige.

enthalten sehr viel Chlorophyll. Sie eignen sich zum Beispiel gut für die Ausleitung von Giftstoffen und sind hervorragende Proteinquellen und wertvolle Nahrung fürs Gehirn.

- Superkräuter wie Brennessel, Petersilie oder Kamille sind bekannt für ihre vielseitigen Heilwirkungen und den hohen Gehalt an Mineralstoffen und Vitaminen. Das Wurzelgemüse Maca wiederum steigert Kraft, Ausdauer und Konzentration. Maca hat außerdem die Eigenschaft, den Hormonhaushalt zu regulieren, Beschwerden bei Menstruation und in den Wechseljahren zu lindern und bei Depressionen zu helfen. Im Hinblick auf die Nährstoffe überrascht Maca mit einem sehr hohen Gehalt an den Vitaminen der B-Gruppe sowie an Vitamin C und E, an Kalzium, Eisen, Magnesium, Zink und Jod sowie an vielen essenziellen Fett- und Aminosäuren.
- Populäre Superfoods sind derzeit Goji-Beere, Chia-Samen, Açai-Beeren und Hanf, auch sie zeichnen sich durch hohe Nährstoffgehalte aus.

Wer sich den Superfoods mit einer gesunden Portion Skepsis nähert und ein wenig Eigenrecherche betreibt, kann das blumige Marketingversprechen, das sie oftmals umgibt, auf das Wesentliche reduzieren und dann selbst entscheiden, was davon er sich leisten möchte und was nicht.

Man sagt immer, das Auge esse mit. Ich denke, das gilt auch für die Psyche. Wenn man sich hin und wieder etwas gönnt, das als Superfood gepriesen wird, mag man sich durchaus besser fühlen, auch wenn das, was wirkt, letzten Endes nur ein Placeboeffekt ist.

Das beste Superfood …

… kann auch ein einfacher Apfel sein, den man vom Baum pflückt – oder eben ein gutes Stück Brot, von dem man weiß, was drin ist, weil man es selbst gebacken hat.

Zutaten einfüllen, Programm einstellen, abwarten – fertig ...

Tipps und Tricks für gutes Gelingen

Mit ein paar Tricks und Tipps gelingt auch Ihr erstes Brot im Brotbackautomaten auf Anhieb.

Bei der Zubereitung

- Verwenden Sie für Ihr „erstes Mal“ ein Rezept aus der Gebrauchsanweisung Ihres Automaten oder eine fertige Backmischung aus dem Handel. So können Sie sich mit dem Gerät vertraut machen und sichergehen, dass Ihr Brot auch gelingt. Eigenkreationen oder auch Rezepte, wie sie hier im Buch zu finden sind, gelingen nicht immer auf Anhieb. Jeder Brotbackautomat hat seine kleinen Eigenheiten, und die vielen Faktoren, die den Backerfolg bestimmen, muss man manchmal erst beherrschen lernen.

- Zum Beispiel können sich Luftfeuchtigkeit, Temperatur und Wasserqualität auf das Backergebnis auswirken. Versuchen Sie, durch ein wenig Spielerei mit den Mengenangaben das für die bei Ihnen herrschenden Bedingungen beste Resultat zu erzielen.
- Mischen Sie die trockenen Zutaten, bevor Sie sie in den Brotbackautomaten geben. Mit dieser „Vormischung" gehen Sie sicher, dass auch bei Schnellprogrammen mit kurzer Knetzeit alle Zutaten gut vermischt sind.
- Achten Sie vor allem wenn Sie mit dem Timer arbeiten darauf, dass die Hefe nicht direkt mit Salz oder Zucker in Berührung kommt, da sie sonst sofort zu arbeiten beginnt.
- Der Teig sollte weich sein und leicht kleben, aber nicht so weich, dass er Fäden zieht. Bei leichten, hellen Teigen nimmt der Teig eine Kugelform an, bei schweren, dunklen Teigen aus Roggenvollkorn oder für ein Körnerbrot ist er eher „fließend". Überprüfen Sie die Konsistenz des Teiges nach dem ersten Kneten. Ist er noch zu feucht, geben Sie esslöffelweise Mehl hinzu. Ist der Teig zu trocken, fügen Sie entsprechend etwas Wasser hinzu.
- Nehmen Sie nach dem ersten Knetvorgang einen Teigschaber und kratzen Sie das Restmehl in den Ecken der Backform zusammen, dann hat Ihr Brot am Schluss keine hässlichen Mehlränder.
- Entfernen Sie den Knethaken nach dem letzten Knetgang (Hände dazu etwas einmehlen), so ersparen Sie sich das Loch im Brot.

Nach dem Backen

- Sollten Sie den Knethaken nach dem letzten Knetgang nicht entfernt haben, stellen Sie den Brotbehälter auf den Kopf und drehen Sie ein paar Mal an der Antriebswelle, so fällt der Knethaken leichter heraus.
- Sollte Ihr Brot zu hell sein, können Sie es mit dem Programm „Backen" oder einem ähnlichen Programm sofort nachbacken.
- Nehmen Sie das fertig gebackene Brot aus der Form, sonst wird es feucht.
- Streichen Sie das Brot direkt nach dem Backen mit kaltem Wasser, Speiseöl oder Butter ab, dadurch erhält die Kruste einen stärkeren Glanz.
- Lassen Sie das Brot richtig auskühlen, bevor Sie es probieren, es lässt sich dann besser schneiden.
- Schließen Sie den Deckel des Brotbackautomaten schnell wieder, sonst kann das Scharnier ausleiern und der Deckel lässt sich nicht mehr richtig schließen.

Haltbarkeit von Brot

Brot verliert mit der Zeit an Wasser und wird trocken. Für das Altern von Brot ist aber nicht nur die Wasserverdunstung verantwortlich, vielmehr spielen noch andere physikalische und biochemische Vorgänge eine Rolle. Altbackenes Brot zeichnet sich zunächst durch eine weiche Kruste aus, die dann später hart wird.

Der Genusswert von Brot bleibt je nach Sorte unterschiedlich lang erhalten. Das zeigt sich deutlich beim Vergleich von Roggenschrot- und Weißbrot. Während Roggenschrotbrot lange frisch bleibt, geht beim Weißbrot die Frische schnell verloren. Auch wenn die Angaben zur Haltbarkeit keine Allgemeingültigkeit beanspruchen – dafür sind die Faktoren für die Alterung von Brot zu variabel –, kann man doch sagen, dass Weißbrote ein bis drei Tage, Weizenmischbrote zwei bis fünf Tage, Roggenmischbrote fünf bis sieben Tage und Roggenbrote sechs bis zehn Tage haltbar sind.

Die Haltbarkeit ist die Zeitspanne, in der die Backwaren bei angemessenen Aufbewahrungsbedingungen ihre spezifischen Eigenschaften behalten. Sie lässt sich durch die Rezeptur des Brotteigs und durch optimale Lagerbedingungen verlängern.

Konservierungsmittel

Zucker, der vielen Backwaren zugegeben wird, hat eine konservierende Wirkung. Auch andere Inhaltsstoffe wie Kochsalz oder Alkohol wirken auf natürliche Weise konservierend. Dennoch gelten diese natürlichen Zutaten nicht als Konservierungsstoffe.

Konservierungsstoffe im lebensmittelrechtlichen Sinn sind Zusatzstoffe, die den Verderb durch Kleinlebewesen oder Mikroorganismen auf chemische Weise verhindern und so das Lebensmittel länger haltbar machen.

Auch gekaufte Brote enthalten zum Teil solche Konservierungsstoffe. Dabei handelt es sich in der Regel um Stoffe der sogenannten „E“-Nummern. Für den Verkauf muss die Art der enthaltenen Konservierungsstoffe kenntlich gemacht werden.

Wenn Sie selber backen, bestimmen allein Sie, was in Ihr Brot kommt. Auf Konservierungsmittel können Sie dabei getrost verzichten.

Verlängerung der Haltbarkeit

Dem Altern des Brotes können Sie bereits bei der Teigbereitung vorbeugen. So hat schon die Wahl der Mehlsorte einen großen Einfluss auf die Mindesthaltbarkeit (siehe oben). Dunkle, schalenreiche Mehle und Schrote wie zum Beispiel Roggenvollkorn oder Roggenschrot verbessern die Verquellungsfähigkeit des Teiges. Damit sorgen sie für eine bessere Stärkeverkleisterung und bewirken so eine längere Frischhaltung.

Daneben können Sie durch weiche, kühle Teige oder Zusätze wie Sauermilch, Fette oder Restbrot die Stärkeverkleisterung verbessern. Gut verkleisterte Stärke hält außerdem die Brotkrume länger feucht.

Die Zugabe von Restbrot, also übrig gebliebenem Brot, zu Ihrem Teig verbessert aber nicht nur die Haltbarkeit des Brotes, sondern gibt ihm außerdem einen intensiveren Geschmack.

Zugeben sollten Sie aber nur einwandfreies, getrocknetes Restbrot (vorzugsweise aus Vollkorn), das Sie vor der Verwendung mit einer Mühle oder einem Rollholz zu einer Art Paniermehl verarbeiten. Lassen Sie es dann für 2 bis 5 Stunden in warmem Wasser einweichen und geben Sie es anschließend zu bis zu 5 % der Gesamtmehlmenge zu Ihrem Teig.

Brot richtig lagern

Die Art und Weise, wie Sie Ihr Brot (auch das gekaufte) lagern, hat ebenfalls einen Einfluss auf seine Haltbarkeit. Brot sollte man an einem kühlen, sauberen Ort aufbewahren. Da es leicht fremde Gerüche annimmt, sollte es immer gesondert gelagert werden.

Brot bleibt im Brotkasten lange frisch.

Hierzu haben sich Brotbehälter aus Keramik oder Holz sowie Leinen- und Papiertaschen bewährt. Plastiktüten und -gefäße sind dagegen nicht geeignet; sie schließen das Brot von der Luftzirkulation ab und fördern die Schimmelbildung. Ungeeignet ist auch der Kühlschrank, der dem Brot durch seine trockene Luft zu viel Feuchtigkeit entzieht. Trocken, luftig und nicht zu warm, so mag es das Brot am liebsten.

Schneiden Sie vom Brot nur so viele Scheiben ab, wie Sie benötigen: Geschnittenes Brot schimmelt schneller, da Luft und Schimmelkeime leichter zwischen die Brotscheiben gelangen können. Das angeschnittene Brot stellen Sie am besten auf die Schnittfläche, um das Austrocknen zu verhindern. Ihren Brotbehälter sollten Sie regelmäßig von Restbrotkrümeln befreien. Reinigen Sie ihn danach mit Essigwasser und reiben ihn anschließend gründlich trocken. Das beugt der Schimmelbildung zuverlässig vor – dank des Essigs völlig lebensmittelfreundlich und ganz ohne Haushaltschemie. Brotschimmel ist, anders als der Schimmel einiger Käsespezialitäten, ungenießbar. Wenn sich auf der Oberfläche weiße, gelbe, blaue oder grüne Schimmelrasen zeigen, ist das Brot verdorben. Schimmelpilze wachsen in schlauchförmigen Pilzfäden in das Brot hinein, wo sie sich verzweigen und ein für das bloße Auge unsichtbares Pilzgeflecht (Myzel) bilden. Daher ist es ratsam, bei Schimmelbefall das ganze Brot wegzuwerfen.

Einfrieren

Um Brot über einen längeren Zeitraum aufzubewahren, bietet sich das Einfrieren an. In der Tiefkühltruhe hält sich Brot ein bis drei Monate lang. Vor dem Einfrieren sollten Sie es gut auskühlen lassen. Sie können das Brot zur besseren Portionierung auch in Scheiben geschnitten einfrieren. Damit sie nicht aneinanderkleben, können Sie Frischhaltefolie zwischen die Scheiben legen. Einfache Hefeteige und Brötchen lassen sich auch ungebacken einfrieren, wenn sie vorher etwas angegangen sind. Lassen Sie sie nach dem Auftauen abermals gehen, dann wie gewohnt weiterverarbeiten. Vermeiden Sie zweimaliges Einfrieren.

Auftauen lassen Sie das Brot am schonendsten bei Zimmertemperatur, anschließend können Sie es noch für 10 bis 15 Minuten bei 200 °C in den vorgeheizten Ofen legen – so wird es außen knusprig und bleibt innen feucht.

Tipp *Altes, hartes, trockenes, aber ansonsten einwandfreies Brot können Sie nicht nur als Zusatz für den nächsten Brotteig, sondern auch für Knödel, Suppen und Aufläufe, als angeröstete Brotwürfel (Croutons) für Salate, als Paniermehl oder zum Füttern von Tieren verwenden.*

Pannenhilfe

Der Erfolg beim Brotbacken hängt von vielen Faktoren ab. Lassen Sie sich also nicht entmutigen, wenn mal das Brot nicht so gelingt, wie Sie es sich vorgestellt haben.

Es ist noch kein Meister vom Himmel gefallen, und Sie sind sicher nicht der Erste, dem hier und da ein Fehler passiert. Wichtig ist, dass Sie geduldig nach dem Fehler suchen und es dann beim nächsten Mal womöglich besser machen. Im Folgenden stelle ich Ihnen ein paar der häufigsten Fehler vor und zeige Ihnen, wie Sie sie umgehen können. Zunächst aber noch ein paar allgemeine Anmerkungen:

Die Beschaffenheit von Brot aus dem Backautomaten ist oft gröber als bei gekauftem Brot; das ist ganz normal und liegt zunächst einmal daran, dass das Brot in der vertikalen Backform auch in vertikaler Richtung aufgeht und gebacken wird und so eine grobe Beschaffenheit erhält. Es kann allerdings auch an der Dauer des Backprogramms liegen – wenn der Teig zu lange geht, wird er grobporiger: Verringern Sie in diesem Fall die Gesamtzeit des Backprogramms.

Gut gegangener Teig in der Backform.

Ist das Gerät schon länger in Benutzung, kann es auch schon mal passieren, dass das Brot sich schwerer aus der Backform lösen lässt. Das kann dann daran liegen, dass die Antihaftbeschichtung durch die häufige Benutzung und Reinigung gelitten hat. Pinseln Sie dann die Innenseite der Backform mit etwas Pflanzenöl ein.

Wenn das Brot nicht richtig durchgebacken ist, kann es sein, dass die Stromversorgung unterbrochen oder der Gerätedeckel nicht richtig geschlossen war. Vielleicht haben Sie aber einfach auch vergessen, den Teigknethaken einzusetzen? Überprüfen Sie zuerst die allzu menschlichen Fehlerquellen, bevor Sie sich an die backtechnologische Untersuchung machen.

Das Brot fällt zusammen

Wenn das Brot in der Mitte zusammengefallen ist, kann das folgende Ursachen haben:

- Sie haben den Deckel während der Aufgehphase oder beim Backen noch einmal geöffnet, um den Erfolg Ihrer Bemühungen zu begutachten (ein nur allzu verständlicher Fehler!). Das Brot fällt dann in sich zusammen. Das Gleiche gilt, wenn Sie gegen die Maschine stoßen oder der Brotbackautomat im Durchzug steht. Abhilfe: Deckel während des Backens geschlossen halten und das Gerät an einem sicheren Ort ohne Zugluft aufstellen.
- Die Hefemenge war zu groß. Das Brot geht zu stark auf, kann an den Deckel stoßen und dann zusammenfallen. Abhilfe: Hefemenge reduzieren.
- Es war zu viel Flüssigkeit im Teig. Das Brot ist dann innen klitschig und fällt in sich zusammen. Abhilfe: Flüssigkeitsmenge reduzieren. (Bedenken Sie dabei, dass auch Käse, Eier oder Gemüse Flüssigkeit enthalten).
- Das Brot war länger als empfohlen in der Backform. Dabei nimmt es Feuchtigkeit auf und fällt in sich zusammen. Abhilfe: Brot sofort nach dem Backen aus der Backform nehmen.
- Sorte oder Feinheitsgrad des Mehls waren nicht für das Rezept geeignet. Abhilfe: versuchen Sie eine andere Mehlsorte.
- Das Wetter war zu warm oder die Luftfeuchtigkeit zu hoch. Dadurch ist der Teig vielleicht zu schnell gegangen. Abhilfe: Verwenden Sie kühlere Flüssigkeit, reduzieren Sie die Hefe- und die Flüssigkeitsmenge.
- Sie haben vielleicht vergessen, Salz hinzuzufügen. Dadurch gärt der Teig sehr wild, geht zu stark auf und fällt in der Mitte zusammen. Abhilfe: Erhöhen Sie die Salzzugabe.

Das Brot geht nicht oder nur schlecht auf

Folgende Ursachen können dazu führen, dass das Brot zu wenig oder gar nicht aufgeht:

- Das Brot geht nur ein wenig auf. 1) Vielleicht backen Sie zum ersten Mal ein Vollkornbrot? Vollkornbrote gehen nicht so stark wie Weißbrote, weniger Volumenzunahme ist hier ganz normal.
  2) Die war Hefe zu alt. Abhilfe: Benutzen Sie nur haltbare Hefe.
  3) Das zugesetzte Wasser war zu warm oder zu kalt und hat die Hefegärung behindert. Abhilfe: Wassertemperatur prüfen.
  4) Die Zuckermenge war zu hoch und hat die Hefeleistung verringert. Abhilfe: Reduzieren Sie die Zuckermenge.
- Ihr Brot geht gar nicht auf. Vielleicht haben Sie vergessen, die Hefe zuzugeben. Abhilfe: Hefe zugeben.

Das Brot geht zu stark auf

Wenn das Brot zu stark aufgeht, kann das folgende Gründe haben:

- Mehl oder andere Zutaten wie etwa Milch oder Hefe waren überdosiert. Abhilfe: Überprüfen Sie die Mengenangaben.
- Die Flüssigkeitsmenge war zu hoch. Bei weniger Flüssigkeit reagiert die Hefe weniger heftig. Abhilfe: Verwenden Sie weniger Flüssigkeit.
- Das Mehl war zu fein gemahlen. Abhilfe: Verwenden Sie gröberes Mehl oder reduzieren Sie die Hefemenge (feine Mehle benötigen weniger Hefe als grob gemahlene Mehle).
- Sie haben vergessen, Salz hinzuzufügen. Da Salz die Hefetätigkeit hemmt, kommt es zu wilder Gärung. Abhilfe: Erhöhen Sie die Salzzugabe.

Tipp *Wenn der Teig zu stark aufgeht und über die Backform zu quellen droht, drücken Sie die Stopp-Taste am Automaten und kneten den Teig etwas zusammen. Schalten Sie dann manuell direkt auf das Programm „Backen“.*

Das Brot ist zu feucht

Folgende Ursachen sind möglich, wenn das Brot zu feucht oder etwa knatschig ist:

- Das Brot ist nicht ganz durchgebacken. Abhilfe: Überprüfen Sie, ob es einen Stromausfall gegeben hat, ob Sie das richtige Backprogramm verwendet haben, ob der Gerätedeckel richtig geschlossen war und ob der Knethaken richtig aufgesteckt war.
- Sie haben das Brot nach dem Backen im Brotbackautomaten gelassen. Das sich entwickelnde Kondenswasser macht das Brot dann feucht. Abhilfe: Nehmen Sie das Brot nach dem Backen aus der Backform und lassen Sie es auf einem Kuchengitter abkühlen.
- Die Gesamtflüssigkeitsmenge war zu hoch. Abhilfe: Reduzieren Sie die Flüssigkeitsmenge oder die Menge feuchter Zutaten wie etwa Früchte, Apfelmus oder Joghurt.
- Das Brot wurde unmittelbar nach dem Backen aufgeschnitten und ist deshalb noch sehr feucht. Abhilfe: Lassen Sie das Brot erst auskühlen, bevor Sie es anschneiden.

Das Brot ist zu trocken

Wenn das Brot oder die Krume zu trocken sind oder stark krümeln, kann das folgende Gründe haben:

- Die Flüssigkeitsmenge war zu gering. (Das merken Sie mit ein bisschen Erfahrung schon vor dem Backen, da der Teig sich dann schwer kneten lässt.) Abhilfe: Erhöhen Sie die Flüssigkeitsmenge.

- Das Brot ist schon älter. Nach einer gewissen Zeit wird das Brot altbacken, weil es Wasser verliert und dadurch trocken wird. Abhilfe: Essen Sie es schnell oder trocknen Sie es und verwenden es als Restbrot in der Küche (siehe oben).

Das Brot hat einen strengen Geruch

Ein strenger oder unangenehmer Geruch kann diese Ursachen haben:
- Die Hefemenge war zu hoch. Abhilfe: Verringern Sie die Hefemenge.
- Die Zutaten waren nicht alle frisch. Abhilfe: Verwenden Sie nur frische Zutaten.

Das Brot ist zu hart

Ihnen kommt das Brot zu hart vor? Hieran kann es liegen:
- Sie haben zum ersten Mal ein Vollkornbrot gebacken. Vollkornbrote sind vom Biss her immer etwas härter als Weißbrote, das ist ganz normal.
- Die Hefemenge war zu gering, das Brot ist nicht genügend aufgegangen. Abhilfe: Erhöhen Sie die Hefemenge.
- Das zugesetzte Wasser war zu warm oder zu kalt, sodass die Hefe nicht richtig treiben konnte. Abhilfe: Überprüfen Sie die Wassertemperatur.
- Die Salzmenge war zu hoch und hat die Hefetätigkeit gehemmt. Abhilfe: Reduzieren Sie die Salzmenge.

Aus dem Lüftungsschlitz des Automaten riecht es verbrannt

Wenn es aus dem Lüftungsschlitz verbrannt riecht oder Dampf austritt, kann es sein, dass Mehl oder andere Zutaten auf das Heizelement gefallen sind oder an der Außenseite der Backform kleben. Ziehen Sie in diesem Fall den Netzstecker und entfernen Sie die Reste.

Am Brot befinden sich Mehlreste

Wenn sich am Brotrand oder an der Oberfläche Mehlreste befinden, kann das folgende Gründe haben:
- Der Knethaken war nicht richtig aufgesetzt und der Teig wurde nicht ordentlich gemischt.
- Das Mehl wurde beim Kneten an den Seiten nicht richtig untergearbeitet. Abhilfe: Nehmen Sie einen Teigschaber und kratzen Sie das Restmehl in den Ecken der Backform zusammen.

Mehlreste am Brotrand.

Tipp *Um Ihre Erfahrungen zu sammeln, empfehle ich Ihnen, die Rezepte mit entsprechenden Notizen zu versehen. Schreiben Sie zum Beispiel auf: „Weniger Wasser verwenden (nur 350 ml)“, „Schmeckt mit Dinkelmehl besser“ oder „Mit Weizenmehl zu hell gebacken“. So können Sie Ihre individuellen Wünsche beim nächsten Backen berücksichtigen, und sollte dann einmal ein Rezept nicht auf Anhieb gelingen, können Sie anhand Ihrer Notizen nachvollziehen, wo der Fehler lag.*

Zum Schluss noch ein aufmunterndes Wort: Mit der Zeit werden Sie durch praktische Übung die Zutaten und Vorgehensweisen wie aus dem FF kennen- und beherrschen lernen und dadurch Fehler vermeiden. Denn hier wie auch sonst im Leben gilt: Übung macht den Meister!

Brot – für alle ein Genuss

Wer sich gesund ernährt und körperlich aktiv ist, kann wesentlich dazu beitragen, bis ins hohe Alter fit und leistungsfähig zu bleiben.

Ratschläge und Empfehlungen, wie man sich gesund ernähren kann, gibt es zuhauf. Man sollte aber wissen, dass dabei Brot und Backwaren als Lieferanten wichtiger Nährstoffe eine bedeutende Rolle spielen. Insbesondere ihr Gehalt an komplexen Kohlehydraten, an Ballaststoffen, pflanzlichem Eiweiß und an Mineralstoffen und Vitaminen machen ihren gesunden Nährwert aus.

Der ergibt sich wesentlich aus einem ausgewogenen Verhältnis aller wichtigen Nährstoffe, und gerade das Getreidekorn enthält fast alle Nähr- und Aufbaustoffe, die für die menschliche Ernährung wichtig sind. Brot, vor allem Vollkornbrot und Mehrkornbrot eignen sich daher bestens als Grundlage für eine ausgewogene, kohlenhydratreiche Ernährung.

Da Vollkornbrote viele Ballaststoffe enthalten und das Sättigungsgefühl durch diese länger anhält, sind sie auch bei Übergewicht empfehlenswert.

Ballaststoffe sind, anders als ihr Name vermuten ließe, kein überflüssiger Ballast, sondern wichtig für unseren Körper. Sie tragen zwar nicht direkt zum Energiehaushalt bei, haben dafür aber andere günstige Wirkungen. So erhöhen sie die Kauintensität und damit die Einspeichelung der Nahrung, wodurch der Körper die Nährstoffe besser aufschließen kann; sie verlängern die Verweildauer der Nahrung im Magen und steigern damit deren Sättigungswert; sie dämpfen überschüssige Magensäure; sie beleben die Darmtätigkeit und stärken dadurch die Verdauungsorgane; und schließlich binden sie Giftstoffe im Darmbereich und fördern so deren Ausschleusung aus dem Körper.

Nahrungsmittelunverträglichkeiten oder -allergien

Bei Nahrungsmittelunverträglichkeiten oder -allergien müssen Sie besonders auf die Zutaten achten, die in verarbeiteten Nahrungsmitteln enthalten sind – das gilt natürlich auch fürs Brot. Hier eine kleine Liste von häufigen Unverträglichkeits- und Allergieauslösern und den Produkten, durch die Sie sie beim Brotbacken ersetzen können:

Amaranth.

Unverträglichkeit gegen:

Weizen und Roggen: Verwenden Sie andere Getreidesorten wie Amaranth oder Teff.

Klebereiweiß (Gluten): Verwenden Sie glutenfreie Mehle wie Mais oder Reis.

Rohrzucker: Verwenden Sie Honig, Stevia, Dicksaft oder Zuckeraustauschstoffe wie Saccharin.

Hefe: Verwenden Sie Sauerteig, Backferment oder Backpulver.

Hühnereier: Verwenden Sie Wachteleier oder vollfettes Sojamehl.

Laktose (Milch): Verwenden Sie Hafer- oder Reismilch, Wasser mit Öl oder laktosefreie Produkte.

Neurodermitis

Die Unverträglichkeit gegenüber bestimmten Nahrungsmitteln ist eine mögliche Ursache für Neurodermitis. Eine Ernährung, die besonders darauf ausgerichtet ist, kann daher für die Therapie sehr wichtig sein. Weil Neurodermitiker nicht einheitlich auf die gleichen Lebensmittel oder -zusatzstoffe reagieren, gibt es aber keine allgemeine Neurodermitis-Diät.

Gar nicht selten besteht eine Unverträglichkeit gegen Weizen, Roggen, Gerste und Dinkel. Ist dies bei Ihnen der Fall, sollten Sie ausweichen auf andere Getreidearten wie zum Beispiel Amaranth oder Quinoa. Empfehlenswert ist auch, zunächst auf Vollkornbrot zu verzichten, da Weißmehle häufig besser vertragen werden.

Milch beziehungsweise der darin enthaltene Milchzucker Laktose ist ebenfalls ein häufiger Allergieauslöser. Als Ersatz für Kuhmilch können Sie es erst einmal mit Ziegen- oder Schafsmilch versuchen, die eine andere Eiweiß-Zusammensetzung haben. Oder probieren Sie gesäuerte Milchprodukte wie Joghurt oder Quark; diese sind häufig verträglicher.

Insbesondere Nahrungsmittelallergiker und Zöliakie-Erkrankte müssen den Zutaten ihrer Ernährung trauen können. Nur wenn Sie Brot selber backen, wissen Sie genau, welche Zutaten das Brot wirklich enthält.

Zöliakie, Sprue, Glutenunverträglichkeit

Zöliakie oder beim Erwachsenen auch Sprue genannt, ist eine chronische Krankheit, die durch den Genuss glutenhaltiger Speisen ausgelöst wird. Das in Weizen und Dinkel enthaltene Klebereiweiß Gluten (Gliadin) und ähnliche Eiweißkörper in Roggen, Gerste und Hafer führen zu einer Schädigung der Dünndarmschleimhaut. Unter glutenfreier Ernährung erholt sich die erkrankte Dünndarmschleimhaut wieder.

Um mit glutenfreien Mehlen selber Brot und Kuchen zu backen, bedarf es allerdings einiger Übung und auch etwas Gewöhnung, denn:

- glutenfreie Mehle haben eine längere Quellungszeit und andere Triebeigenschaften;
- sie müssen mit glutenfreien Lockerungsmitteln gebunden oder gelockert werden, zum Beispiel mit Weinsteinbackpulver, Hefe, Sauerteig aus Mais- oder Reismehl, mit Backferment auf Maisbasis oder Bindemitteln wie Guarkernmehl, Johannisbrotkernmehl, Kuzu, Pektin, Pfeilwurzelstärke oder Carrageen;
- es fehlt der gewohnte Brotgeschmack;
- die Konsistenz glutenfreier Brote ist anders als die von Weizenmehlbroten.

Reformhäuser, Mühlen und auf speziellen Seiten im Internet werden verschiedene glutenfreie Spezialmehle und Mehlmischungen angeboten, die das Selberbacken erleichtern. Geben Sie einfach die entsprechenden Stichworte in die Suchmaske Ihres Browsers ein, und Sie werden sehr bald fündig.

Tipp *Die DZG e. V. (Deutsche Zöliakie Gesellschaft) hat in Zusammenarbeit mit verschiedenen Mühlen eigene Brotbackrezepte für den Brotbackautomaten entwickelt. Diese sind erhältlich auf der DZG-Homepage unter: https://www.dzg-online.de/files/rezeptebrotbackautomat_1.pdf.*

Laktoseintoleranz

Bei einer Laktoseintoleranz wird der Milchzucker – die Laktose – vom Körper nicht vertragen. In diesem Fall muss man Milch und Milchprodukte wie Käse oder Quark vom eigenen Speiseplan streichen und durch Alternativen ersetzen. Diese sind zum Beispiel:

- laktosefreie Milchprodukte
- Mandelmilch
- Hafermilch
- Dinkelmilch
- Sesammilch
- Maronimilch
- Reismilch
- Kokosmilch
- Sojaprodukte

Vollkornige Rezepte

Auf einen Blick

Mengenangaben und Informationen zu den Rezepten

Salz/Zucker

1½ TL entsprechen ca. 10 g.

Honig

Je nach Honigsorte erhalten Sie einen anderen Geschmack. Probieren Sie aus, was Ihnen am besten schmeckt.

Hefe

Beachten Sie bei der Trockenhefemenge immer die Angaben des Herstellers. Gewöhnlich wird 1 Päckchen (ca. 2 TL) auf 500 g Mehl verarbeitet. Wenn im Rezept Trockenhefe angegeben ist (2 TL entsprechen ca. 10 g), können Sie diese auch durch ½ Würfel (= 21 g) frische Hefe ersetzen.

Sauerteig

Gibt es in unterschiedlichen Formen zu kaufen, als Starterteig oder als fertigen Sauerteig in flüssiger, pastöser oder Pulverform. Bei den Rezepten habe ich Sauerteig in Pulverform (getrockneten Sauerteig) oder flüssigen Sauerteig verwendet. Bitte beachten Sie bei gekauftem Fertigsauerteig immer die Herstellerangaben!

Programmauswahl

Da jeder Brotbackautomatenhersteller seine Programme etwas anderes benennt, wählen Sie am besten ein Programm mit einer Gesamtdauer von etwa 3–5 Stunden. Je länger das Programm dauert, umso mehr Zeit hat das Vollkornmehl, zu quellen und aufzugehen.

Teig

Haben Sie gerade als Einsteiger immer ein Auge auf den Teig: Fehlt ihm noch etwas Flüssigkeit, oder könnte er ein wenig Mehl gebrauchen? Falls ja, geben Sie nach Bedarf esslöffelweise etwas dazu. Da jeder Automat ein wenig anders arbeitet und sich die Mehle oft auch im Mahlgrad etwas unterscheiden, muss man immer wieder mal ein wenig nachstellen.

Fertiges Brot

Alle Brotsorten eignen sich hervorragend zum Toasten, was immer ein besonderer Genuss ist.

Restbrot

Lassen Sie Ihr Restbrot trocknen und zerkleinern es dann zu feinen Krümmeln. Weichen Sie diese als Zugabe für den neuen Teig 2–5 Stunden in warmem Wasser ein und geben Sie dann von der Restbrotmasse bis zu 5 % der Gesamtmehlmenge Ihres neuen Teigs dazu. Restbrot verlängert die Haltbarkeit und verleiht dem neuen Brot einen intensiveren Geschmack.

Für Vollkorneinsteiger

Hier ein paar Rezepte, die eigentlich nicht als Vollkornbrote bezeichnet werden dürfen, da ihr Anteil an Vollkornmehlen die gesetzlich geforderte Marke von 90 % unterschreitet. Den vollen Geschmack des Korns kann man aber auch bei ihnen schon erahnen.

Quarkbrot

Programm „Normal"
Für 500 g | 750 g

160 ml Wasser 250 ml
10 g (1 EL) Speiseöl 15 g (1½ EL)
150 g Speisequark (40 %) 200 g
160 g Dinkelvollkornmehl 250 g
160 g Weizenmehl Type 550 250 g
7 g Salz 10 g
5 g Zucker 7,5 g
1 TL Trockenhefe 1½ TL

Butter-Toastbrot

Programm „Toastbrot/Weißbrot"
Für 500 g | 750 g

190 ml Wasser 280 ml
20 ml Sahne 30 ml
20 g Butter 30 g
200 g Weizenmehl Type 550 300 g
130 g Weizenvollkornmehl 200 g
10 g Zucker 15 g
7 g Salz 10 g
1 TL Trockenhefe 1½ TL

Bauernbrot

Programm „Normal"
Für 500 g | 750 g

130 ml Wasser 200 ml
60 ml Buttermilch 100 ml
15 g Butter 20 g
1 EL Essig 1½ EL
200 g Weizenmehl Type 550 400 g
70 g Weizenvollkornmehl 50 g
30 g Roggenvollkornmehl 50 g
7 g Salz 10 g
5 g Zucker 7,5 g
1 TL Trockenhefe 1½ TL

Kartoffelbrot

Programm „Normal"
Für 500 g | 750 g

210 ml Wasser 320 ml
½ EL Rapsöl 1 EL
½ EL Essig 1 EL
200 g Weizenvollkornmehl 300 g
100 g Dinkelvollkornmehl 150 g
1 mittelgroße Kartoffel, gekocht, gepellt und durch die Presse gedrückt 2 mittelgroße Kartoffeln
7 g Salz 10 g
1 TL Zuckerrübensirup 1½ TL
2 TL Trockenhefe 1½ TL

Butter-Toastbrot

Weizenbrot mit gepufftem Amaranth

Programm „Normal“
Für 500 g | 750 g

500 g	Zutat	750 g
200 ml	Wasser	310 ml
1 EL	Sonnenblumenöl	1 EL
½ TL	Honig	1 TL
7 g	Salz	10 g
200 g	Weizenmehl Type 550	300 g
130 g	Weizenvollkornmehl	200 g
10 g	gepuffter Amaranth	15 g
1 TL	Trockenhefe	1½ TL

Kamutbrot

Programm „Normal“
Für 500 g | 750 g

500 g	Zutat	750 g
200 ml	Wasser	310 ml
7 g	Butter	10 g
½ TL	Honig	1 TL
7 g	Salz	10 g
200 g	Weizenmehl Type 1050	300 g
130 g	Kamutvollkornmehl	200 g
1 TL	Trockenhefe	1½ TL

Nussbrot

Programm „Normal“
Für 500 g | 750 g

500 g	Zutat	750 g
200 ml	Wasser	310 ml
1 EL	Walnussöl	1 ½ EL
7 g	Salz	10 g
1 TL	Trockenhefe	1 ½ TL

Nach dem Signalton:

500 g	Zutat	750 g
60 g	grob gehackte Walnüsse	80 g

100 % Vollkorn

Bei diesen Rezepten werden Klassikergetreide wie Weizen, Dinkel und Roggen zu 100 % als Vollkorn verarbeitet. Natürlich können Sie nach Geschmack auch Körner, Samen oder Gewürze in den Teig geben.

Weizenvollkornbrot

Programm „Vollkorn" oder „Normal"
Für 500 g | 750 g

220 ml Wasser 340 ml
7 g Salz 10 g
7 g Honig 10 g
330 g Weizenvollkornmehl 500 g
1½ TL Trockenhefe 2 TL

Weizenmischbrot

Programm „Vollkorn" oder „Normal"
Für 500 g | 750 g

220 ml Wasser 330 ml
1½ EL Essig 2 EL
200 g Weizenvollkornmehl 300 g
60 g Weizenschrot 100 g
60 g Roggenvollkornmehl 100 g
7 g Salz 10 g
1½ TL Trockenhefe 2 TL

Roggenmischbrot

Programm „Vollkorn" oder „Normal"
Für 500 g | 750 g

220 ml Wasser 350 ml
1 EL Speiseöl 1 EL
½ EL Birnendicksaft 1 EL
7 g Salz 10 g
200 g Roggenvollkornmehl 300 g
130 g Weizenvollkornmehl 200 g
20 g Bio-Roggensauerteig-pulver 30 g
½ TL Brotgewürz 1 TL
1½ TL Trockenhefe 2 TL

Dinkelvollkornbrot

Programm „Vollkorn“ oder „Normal“
Für 500 g | 750 g

210 ml Wasser 320 ml
1 EL Speiseöl 1½ EL
1 EL Essig 1½ EL
7 g Salz 10 g
½ TL Honig 1 TL
300 g Dinkelvollkornmehl 450 g
1½ TL Trockenhefe 2 TL

Nach dem Signalton:
30 g Dinkelflocken 40 g

Weizenschrotbrot

Programm „Vollkorn“ oder „Normal“
Für 500 g | 750 g

210 ml Wasser 320 ml
1 EL Essig 1½ EL
15 g Butter 25 g
1 TL Honig 1 TL
7 g Salz 10 g
260 g Weizenvollkornmehl 400 g
70 g Weizenschrot 100 g
1½ TL Trockenhefe 2 TL

Dinkelvollkornbrot

Mit Sauerteig und Hefe

Beim Backen von Sauerteigbrot verwendet man als zusätzliches Triebmittel oft auch Hefe. Sauerteigpulver und Trockenhefe werden zuletzt in den Backbehälter eingefüllt. Beachten Sie dazu auch die Angaben des Herstellers.

Heilkräuterbrot

Programm „Vollkorn“ oder „Normal“
Für 500 g | 750 g

Vorbereitung:
210 ml Wasser 320 ml
20 g getrocknete Brennnessel 30 g
40 g getrocknete Ringelblume 50 g

Den Ansatz über Nacht stehen lassen. Am nächsten Tag die Kräuter herausnehmen, das Wasser in die Backform geben und danach die folgenden Zutaten einfüllen:

Teig:
1 EL flüssiger Natursauerteig 2 EL
10 g Honig 15 g
200 g Dinkelvollkornmehl 250 g
60 g Roggenschrot 100 g
60 g Dinkelschrot 100 g
7 g Salz 10 g
½ TL zerstoßener Koriander 1 TL
1½ TL Trockenhefe 2 TL

Nach dem Signalton:
20 g geschroteter Leinsamen 30 g

Kornbrot

Programm „Vollkorn“ oder „Normal“
Für 500 g | 750 g

200 ml Wasser 300 ml
2 EL Essig 3 EL
7 g Salz 10 g
5 g Honig 10 g
230 g Dinkelvollkornmehl 350 g
40 g Dinkelschrot 50 g
40 g Roggenvollkornmehl 50 g
15 g Sauerteigpulver 20 g
1½ TL Trockenhefe 2 TL
½ TL Brotgewürz 1 TL

Nach dem Signalton:
60 g Körnermischung (Sonnenblumenkerne, Sesam, Kürbiskerne, Leinsaat) 80 g

Leinsaatbrot

Programm „Vollkorn“ oder „Normal“
Für 500 g | 750 g

Vorbereitung:
Leinsamen in Wasser für mindestens 2 Stunden vorquellen lassen.

Teig:
125 ml Wasser 180 ml
100 g Naturjoghurt 150 g
1 EL Leinöl 1½ EL
7 g Salz 10 g
5 g Vollrohrzucker 10 g
250 g Weizenvollkornmehl 375 g
80 g Roggenschrot 120 g
15 g Sauerteigpulver 20 g
1½ TL Trockenhefe 2 TL
½ TL gemahlener Koriander 1 TL

Nach dem Signalton:
40 g gequollene Leinsamen 60 g

Sauerteigbrot

Programm „Vollkorn“ oder „Normal“
Für 500 g | 750 g

230 ml Wasser 350 ml
7 g Salz 10 g
5 g Honig 10 g
165 g Weizenvollkornmehl 250 g
165 g Roggenvollkornmehl 250 g
½ TL Brotgewürz 1 TL
15 g Sauerteigpulver 20 g
1½ TL Trockenhefe 2 TL

Sauerteig-Schokobrot

Programm „Vollkorn“ oder „Normal“
Für 500 g | 750 g

200 ml Wasser 300 ml
20 g Butter 30 g
30 g Honig 50 g
7 g Salz 10 g
15 g (ca. 2 EL) Kakao 20 g (ca. 3 EL)
½ Päckchen (38 g) flüssiger Natursauerteig 1 Päckchen (75 g)
330 g Weizenvollkornmehl 500 g
1½ Trockenhefe 2 TL

Nach dem Signalton:
30 g grob gehackte Zartbitterschokolade 50 g

Dieses Brot ist durch Kombination der Säure aus dem Sauerteig mit dem Aroma des Kakaos eine interessante Mischung, mit der sowohl süße Aufstriche als auch Käse perfekt harmonieren.

Senfbrot

Programm „Vollkorn“ oder „Normal“
Für 500 g | 750 g

200 ml Wasser 300 ml
25 g flüssiger Natursauerteig 40 g
1 EL Speiseöl 2 EL
15 g Senf 25 g
7 g Salz 10 g
200 g Weizenvollkornmehl 300 g
60 g Roggenschrot 100 g
60 g Weizenschrot 100 g
1½ TL Trockenhefe 2 TL

Nach dem Signalton:
40 g Sonnenblumenkerne 60 g

Tipp *Bestreichen Sie nach dem letzten Knetgang die Teigoberfläche mit Senf und streuen Sie Sonnenblumenkerne darauf.*

Schrotvollkornbrot

Programm „Vollkorn“ oder „Normal“
Für 500 g | 750 g

220 ml Wasser 340 ml
35 g flüssiger Sauerteig 50 g
120 g Roggenschrot 150 g
120 g Weizenschrot 150 g
60 g Weizenvollkornmehl 100 g
7 g Salz 10 g
7 g Honig 10 g
1½ TL Trockenhefe 2 TL

Schrotvollkornbrot

Mit Hefe

Im Brotbackautomaten verwenden Sie am besten immer Trockenhefe, damit gelingen Hefeteige garantiert.

Haselnuss-Dinkelvollkornbrot

Programm „Vollkorn“ oder „Normal“
Für 500 g | 750 g

220 ml Wasser 320 ml
1 EL Walnussöl 1½ EL
300 g Dinkelvollkornmehl 450 g
30 g gemahlene Haselnüsse 50 g
7 g Salz 10 g
1 TL Honig 1½ TL
1½ TL Trockenhefe 2 TL

Nach dem Signalton:
40 g gehackte Haselnüsse 60 g

Weizenvollkornbrot mit Sesam

Programm „Vollkorn“ oder „Normal“
Für 500 g | 750 g

200 ml Wasser 310 ml
2 EL (20 g) Sesamöl 3 EL (30 g)
300 g Weizenvollkornmehl 450 g
7 g Salz 10 g
10 g Honig 15 g
1½ TL Trockenhefe 2 TL

Nach dem Signalton:
40 g in der Pfanne geröstete Sesamsamen 50 g

Haselnuss-Dinkelvollkornbrot

Eiweißbrot mit Hefe

Programm „Normal"
Für 500 g | 750 g

200 g Naturjoghurt 300 g
80 ml Wasser 125 ml
230 g Dinkelvollkornmehl 350 g
100 g Buchweizenmehl 150 g
½ TL Salz 1 TL
3 EL Hanfsamen 4 EL
1½ TL Trockenhefe 2 TL

Landbrot

Programm „Vollkorn" oder „Normal"
Für 500 g | 750 g

200 ml Wasser 300 ml
1 EL Essig 1½ EL
1 EL Weizenkeimöl 2 EL
300 g Weizenvollkornmehl 450 g
30 g Weizenmehl Type 550 50 g
7 g Salz 10 g
5 g Honig 8 g
1½ TL Trockenhefe 2 TL

Fitnessbrot

Programm „Vollkorn“ oder „Normal“
Für 500 g | 750 g

190 ml Wasser 280 ml
70 g Magerquark 100 g
2 EL (20 g) Leinöl 3 EL (30 g)
1½ TL Zitronensaft 2 TL
300 g Dinkelvollkornmehl 450 g
7 g Salz 10 g
½ TL Rübensirup 1 TL
1½ TL Trockenhefe 2 TL

Nach dem Signalton:
2 EL geschrotete Leinsamen 3 EL
1½ EL Hanfsamen 2 EL
2 EL Dinkelflocken 3 EL
15 g grob gehackte Walnüsse 20 g
½ TL gemahlener Zimt 1 TL

Vollkornbrot mit gepufftem Amaranth

Programm „Vollkorn“ oder „Normal“
Für 500 g | 750 g

220 ml Wasser 330 ml
1 EL Leinöl 1 EL
7 g Salz 10 g
300 g Weizenvollkornmehl 450 g
40 g Teffmehl 50 g
½ TL Sauerteigpulver 1 TL
1½ TL Trockenhefe 2 TL

Nach dem Signalton:
10 g gepuffter Amaranth 15 g

Basmati-Reisbrot

Programm „Vollkorn“ oder „Normal“
Für 500 g | 750 g

240 ml Wasser 360 ml
1 EL Butter 2 EL
½ TL Honig 1 TL
7 g Salz 10 g
1 TL abgeriebene Zitronenschale 1½ TL
300 g Weizenvollkornmehl 450 g
1½ TL Trockenhefe 2 TL

Nach dem Signalton:
70 g gekochter Basmati- oder Langkornreis 100 g

Sonnenblumenbrot

Programm „Vollkorn“ oder „Normal“
Für 500 g | 750 g

200 ml Wasser 300 ml
2 EL (20 g) Sonnenblumenöl 3 EL (30 g)
½ TL Honig 1 TL
7 g Salz 10 g
330 g Weizenvollkornmehl 500 g
1½ TL Trockenhefe 2 TL

Nach dem Signalton:
50 g Sonnenblumenkerne 80 g

Streuen Sie vor dem Backen ein paar Sonnenblumenkerne auf den Teig – das sieht toll aus und gibt dem Brot noch mehr Biss. Oder rösten Sie die Sonnenblumenkerne in einer Pfanne an. So erhalten Sie ein intensiveres Aroma.

Mit Backferment

Beim Backferment handelt es sich im Grunde um einen milden Sauerteig. Mit Backferment hergestellte Brote werden oft besser vertragen als mit Hefe oder Sauerteig gebackene Brote.

Weizenmischbrot mit Backferment

Programm „Vollkorn"
Für 500 g | 750 g

6 g Backferment (Grundansatz) 9 g
3 g Backferment 4 g
50 ml Wasser 75 ml
50 g Weizenvollkornmehl 75 g

10 Minuten im Programm „Teig" kneten, dann 15 Stunden ruhen lassen. Anschließend folgende Zutaten hinzugeben:

150 ml Wasser 225 ml
100 g Weizenvollkornmehl 150 g
100 g Roggenvollkornmehl 150 g
25 g Buchweizen 40 g
7 g Salz 10 g

Im Anschluss das Programm starten.

Weizenbrot mit Backferment

Programm „Vollkorn"
Für 500 g | 750 g

6 g Backferment (Grundansatz) 9 g
3 g Backferment 4 g
50 ml Wasser 75 ml
50 g Weizenvollkornmehl 75 g

10 Minuten mit dem Programm „Teig" kneten, danach 15 Stunden ruhen lassen. Dann hinzugeben:

150 ml Wasser 225 ml
230 g Weizenvollkornmehl 350 g
7 g Salz 10 g

Im Anschluss das Programm starten.

Nach dem Signalton:
Nach Belieben eine grob geraspelte Karotte oder Zucchini hinzufügen.

Weizenbrot mit Backferment

Dinkelbrot mit Backferment

Programm „Vollkorn"
Für 500 g | 750 g

5 g Backferment (Grundansatz) 7,5 g
3,5 g Backferment 5 g
100 ml Wasser 150 ml
50 g Dinkelvollkornmehl 75 g
50 g Dinkelschrot 75 g

10 Minuten mit dem Programm „Teig" kneten. Dann hinzugeben:

130 ml Wasser 200 ml
200 g Dinkelvollkornmehl 300 g
7 g Salz 10 g

Den Teig nun mindestens 12 Stunden ruhen lassen. Dann dann das Programm „Normal" oder „Vollkorn" starten.

Roggenbrot mit Backferment

Programm „Vollkorn"
Für 500 g | 750 g

6 g Backferment (Grundansatz) 9 g
3 g Backferment 4 g
130 ml Wasser 200 ml
100 g Roggenvollkornmehl 150 g

10 Minuten mit dem Programm „Teig" kneten, danach 15 Stunden ruhen lassen. Dann hinzugeben:

80 ml Buttermilch 120 ml
180 g Weizenvollkornmehl 270 g
7 g Salz 10 g

Im Anschluss das Programm starten.

Mit Backpulver

Brote mit Backpulver sind eine schnelle Alternative zu den Hefe- und Sauerteigbroten, da sie keine Ruhezeit brauchen. So hat man in nur einer Stunde ein frisches Brot auf dem Tisch.

Eiweißbrot mit Backpulver

Für 500 g | 750 g

200 g Magerquark 300 g
5 Eier 8
3 EL (10 g) Weizenkleie 6 EL (15 g)
60 g gemahlene Mandeln 100 g
60 g geschrotete Leinsamen 100 g
1 EL Dinkelvollkornmehl 2 EL
½ Päckchen Backpulver 1
½ TL Salz 1 TL
1 TL Hanfsamen 2 TL

Mit dem Programm „Teig" etwa 10 Minuten kneten, dann 5 Minuten ruhen lassen.
Danach das Programm „Backen" starten und etwa 1 Stunde backen.

Oliven-Oreganobrot

Programm „Backpulver“ oder „Backen“

200 ml Wasser 300 ml
1 EL Olivenöl 2 EL
30 g Butter 45 g
1 Ei 1
7 g Salz 10 g
260 g Weizenvollkornmehl 400 g
1½ TL Backpulver 2 TL
1 TL Oregano 1½ TL
1 fein gehackte Knoblauchzehe 1
1 fein gehackte Chilischote 1
5 mittelgrob gehackte grüne Oliven 7

Zubereitung:
Alle Zutaten bis auf die Oliven miteinander verrühren. Den Teig in die Backform füllen, die Oliven auf die Teigoberfläche legen und leicht eindrücken. Das Programm „Backen“ starten. Nach dem Backen das Brot mit Olivenöl bestreichen und auskühlen lassen.

Mit Milchprodukten

Mit Buttermilch, Joghurt oder Quark hergestellte Brote haben ein weiches, vollmundiges und verführerisches Aroma – hier greift jeder gerne zu.

Buttermilch-Schwarzbrot

Programm „Vollkorn" oder „Normal"
Für 500 g | 750 g

170 ml Buttermilch 250 ml
1 EL Weizenkeimöl 2 EL
60 g Zuckerrübensirup 100 g
7 g Salz 10 g
1 TL Brotgewürz 1½ TL
70 g Weizenschrot 100 g
60 g Roggenschrot 100 g
130 g Weizenvollkornmehl 200 g
1½ TL Trockenhefe 2 TL

Für eine **kernigere Variante** *können Sie nach dem Signalton 60–100 g Ebly-Weizen dazugeben. Ebly-Weizen besteht aus vorgekochten Weizenkörnern. Sie können auch ganze Weizenkörner selber vorkochen und diese dazugeben.*

Dinkel-Körnerkruste

Programm „Vollkorn“ oder „Normal“
Für 500 g | 750 g

130 ml Buttermilch 200 ml
80 ml Wasser 120 ml
1 EL Leinöl 1 EL
330 g Dinkelvollkornmehl 500 g
7 g Salz 10 g
1 TL Agavendicksaft 1 TL
½ TL gemahlenes Brotgewürz 1 TL
1½ TL Trockenhefe 2 TL

Nach dem Signalton:
50 g Mehrkornmischung (Sesam, Leinsaat, Sonnenblumenkerne, Kürbiskerne) 80 g

Joghurt-Vollkornbrot

Programm „Vollkorn“ oder „Normal“
Für 500 g | 750 g

160 ml Wasser 250 ml
100 g Joghurt 150 g
1 EL Essig 1½ EL
7 g Salz 10 g
7 g Zucker 10 g
330 g Weizenvollkornmehl 500 g
1½ TL Trockenhefe 2 TL

Mühlenbrot

Programm „Vollkorn“ oder „Normal“
Für 500 g | 50 g

120 ml Vollmilch 180 ml
50 ml Wasser 80 ml
50 g Naturjoghurt 80 g
1 EL Essig 1½ EL
160 g Weizenvollkornmehl 250 g
60 g Dinkelvollkornmehl 100 g
60 g Roggenvollkornmehl 100 g
7 g Salz 10 g
1½ EL Rübensirup 2 EL
1½ TL Trockenhefe 2 TL

Nach dem Signalton:
20 g Sesamsamen 30 g
20 g Leinsamen 30 g
20 g kernige Haferflocken 30 g

Mühlenbrot

Käsebrot

Programm „Vollkorn“ oder „Normal“
Für 500 g | 750 g

210 ml Wasser 320 ml
1 EL Essig 1½ EL
1 EL Sonnenblumenöl 1½ EL
7 g Salz 10 g
5 g Honig 7 g
330 g Weizenvollkornmehl 500 g
1½ TL Trockenhefe 2 TL

Nach dem Signalton:
40 g grob gewürfelter Edamer 60 g

Sprossenbrot

Programm „Vollkorn“ oder „Normal“
Für 500 g | 750 g

190 ml Buttermilch 280 ml
1 EL Olivenöl 1 EL
20 g Zuckerrübensirup 30 g
260 g Weizenvollkornmehl 400 g
30 g Roggenvollkornmehl 50 g
7 g Salz 10 g
1½ TL Trockenhefe 2 TL

Nach dem Signalton:
40 g frische Rettichsprossen (alternativ Alfalfa- oder Linsensprossen) 50 g
20 g Leinsaat 30 g

Rettichsamen kann man kaufen und daraus zu Hause selber Rettich-Keimsprossen ziehen. Dazu benötigen Sie ein Keimgerät oder Sie nehmen ein feuchtes Tuch als Unterlage. Die Samen 8 Stunden lang einweichen. Die Umgebungstemperatur sollte 18–22 °C betragen. Wenn Sie die Keimsaat 2–3 Mal täglich wässern, können Sie die Sprossen ab dem 7. Tag ernten.

Glutenfreie Brote

Glutenfreie Getreide, also solche, die kein Klebereiweiß enthalten, sind zum Beispiel Reis, Kartoffel, Mais, Hirse, Buchweizen. Diese Brote gehen nicht sehr stark auf, man kann sie aber sehr gut toasten.

Tipp *Um glutenfreie Brote zu backen, haben sich auch Fertigmehle oder Mehlmischungen bewährt. Diese sind in Reformhäusern, Supermärkten, Mühlenläden und über das Internet erhältlich.*

Glutenfreies Kartoffelbrot

Programm „Glutenfrei“ oder „Normal“
Für 500 g | 750 g

200 ml Wasser 300 ml
1 EL Essig 1½ EL
1 EL Olivenöl 1½ EL
200 g glutenfreie Mehlmischung 300 g
7 g Salz 10 g
7 g Zucker 10 g
1 TL Trockenhefe 1½ TL
100 g gekochte, pürierte Kartoffeln 150 g

Glutenfreies Teffmehl-Walnussbrot

Programm „Glutenfrei“ oder „Normal“
Für 500 g | 750 g

200 ml Wasser 300 ml
60 g Magerquark 80 g
1½ EL (15 g) Walnussöl 2 EL (20 g)
½ EL Ahornsirup ½ EL
1 EL Essig 1 EL
1 Ei 1
200 g Teff-Vollkornmehl 300 g
70 g Kartoffelstärke 100 g
5 g Salz 8 g
1 TL Trockenhefe 1½ TL

Nach dem Signalton:
60 g gehackte Walnüsse 80 g

Tipp *Statt Walnüssen können Sie auch Haselnüsse, Mandeln, Erdnüsse, Pekannüsse oder Körnermischungen dazugeben.*

Glutenfreies Maisbrot

Programm „Glutenfrei“ oder „Normal“
Für 500 g | 750 g

230 ml Vollmilch 350 ml
40 ml Maiskeimöl 50 ml
160 g Magerquark 250 g
1 Ei 1
130 g Maismehl 200 g
130 g Maisstärke 200 g
70 g glutenfreie Mehlmischung 100 g
1 TL Salz 2 TL
2 TL Zucker 3 TL
1½ TL Trockenhefe 2 TL

Glutenfreies Maronibrot

Programm „Glutenfrei“ oder „Normal“
Für 500 g | 750 g

260 ml Wasser 400 ml
½ EL Speiseöl 1 EL
½ TL Essig 1 TL
½ TL Zucker 1TL
½ TL Salz 1 TL
130 g Reismehl 200 g
100 g Buchweizenmehl 150 g
60 g Maismehl 100 g
40 g Maisstärke 50 g
100 g Maronipüree aus dem Glas (gibt's im Reformhaus) 150 g
1 TL Johannisbrotkernmehl 2 TL
½ TL Flohsamenschalen 1 TL
1½ TL Trockenhefe 2 TL

Glutenfreies Teffmehl-Walnussbrot

Glutenfreies Buchweizenbrot

Programm „Backen"
Für 500 g | 750 g

Vorbereitung:
400 g Buchweizenvollkornmehl 600 g
3 EL helle glutenfreie Mehlmischung 4½ EL
8 g Salz 12 g
½ TL Brotgewürz (Kardamon, Fenchel, Anis) 1 TL
400 ml Mineralwasser 600 ml

Alles zusammen zu einem Teig verrühren und für mindestens 2 Stunden ruhen lassen. Dann 1 Päckchen Weinsteinbackpulver in 100 ml Mineralwasser und 2 EL Sonnenblumenöl auflösen. Diese Mischung zügig in den Teig einarbeiten. Den Teig nun in die Brotbackautomatenform füllen und das Programm „Backen" starten.

Tipp *Zu viel gebackenes Brot einfach trocknen lassen und fein reiben. So hat man immer etwas Paniermehl/Semmelbrösel zur Hand.*

Glutenfreies Zwiebelbrot

Programm „Glutenfrei" oder „Normal"
Für 500 g | 750 g

200 ml Wasser 300 ml
1 EL Sonnenblumenöl 2 EL
230 g glutenfreie Mehlmischung, dunkel 350 g
1 EL Haferkleie 2 EL
1 TL Salz 1½ TL
60 g fein gehackte Zwiebel 100 g
1 TL Trockenhefe 1½ TL

Laktosefreie Brote

Sie können in jedem Rezept die Milchprodukte durch Wasser oder Produkte ohne Laktose ersetzen. Es gibt aber auch eine Fülle an laktosefreien Milchprodukten, darunter Milch, Quark, Sahne oder Joghurt.

Laktosefreies Toastbrot

Programm „Vollkorn“ oder „Normal“
Für 500 g | 750 g

- 210 ml Wasser 320 ml
- 40 ml Sonnenblumenöl oder laktosefreie Margarine 50 ml
- 7 g Salz 10 g
- ½ EL Honig 1 EL
- 330 g Dinkelvollkornmehl 500 g
- 1½ TL Trockenhefe 2 TL

Haferflockenbrot

Programm „Vollkorn“ oder „Normal“
Für 500 g | 750 g

- 200 ml Wasser 290 ml
- 30 ml Hafermilch 50 ml
- 240 Dinkelvollkornmehl 400 g
- 30 g Hafermehl 50 g
- 7 g Salz 10 g
- 7 g Honig 10 g
- 1½ TL Trockenhefe 2 TL

Sauerteigbrot mit Quinoamehl

Programm „Vollkorn“ oder „Normal“
Für 500 g | 750 g

160 ml Wasser 250 ml
20 g Speiseöl 30 g
7 g Salz 10 g
1 TL Zucker 1 TL
1 TL Flohsamenschalen 1 TL
½ Päckchen (40 g) flüssiger Natursauerteig 1 Päckchen (75 g)
160 g Weizenvollkornmehl 250 g
100 g Quinoamehl 150 g
60 g Roggenvollkornmehl 100 g
1½ TL Trockenhefe 2 TL

Honig-Dinkelbrot

Programm „Vollkorn“ oder „Normal“
Für 500 g | 750 g

220 ml Wasser 330 ml
1 EL Rapsöl 1½ EL
1½ EL Honig 2 EL
½ TL gemahlener Kardamon 1 TL
330 g Dinkelvollkornmehl 500 g
7 g Salz 10 g
1½ TL Trockenhefe 2 TL

Vollwertbrot

Programm „Normal“ oder „Schnell“
Für 500 g | 750 g

230 ml Wasser 350 ml
1 EL (10 ml) Weizenkeimöl 2 EL (20 ml)
7 g Salz 10 g
½ EL Honig 1 EL
330 g Weizenvollkornmehl 500 g
1½ TL Trockenhefe 2 TL

Nach dem Signalton:
20 g kernige Haferflocken 40 g
20 g feine Haferflocken 40 g

Vegan & Vegetarisch

Mit veganen oder vegetarischen Brotaufstrichen einfach ein Genuss.

Karotten-Korianderbrot

Programm „Vollkorn" oder „Normal"
Für 500 g | 750 g

200 ml Wasser 300 ml
1 EL Agavendicksaft 1½ EL
1 EL Balsamicoessig 2 EL
7 g Salz 10 g
330 g Dinkelvollkornmehl 500 g
1½ TL Trockenhefe 2 TL
1 EL fein gehackte Korianderblätter 2 EL
60 g geriebene Karotte 80 g

Nach dem Signalton:
20 g Kürbiskerne 30 g
20 g geschrotete Leinsamen 30 g
20 g Sonnenblumenkerne 30 g

Tomaten-Kräuterbrot

Programm „Vollkorn“ oder „Normal“
Für 500 g | 750 g

100 ml Wasser 150 ml
100 ml Tomatensaft 150 ml
1 EL Olivenöl 1½ EL
300 g Weizenvollkornmehl 450 g
7 g Salz 10 g
1½ TL Trockenhefe 2 TL

Nach dem Signalton:
50 g getrocknete Tomaten, grob gehackt 80 g
1 TL getrocknete Kräuter (Oregano, Basilikum und andere) 1½ TL

Kümmelbrot

Programm „Vollkorn“ oder „Normal“
Für 500 g | 750 g

220 ml Wasser 340 ml
1½ EL Apfelessig 2 EL
7 g Salz 10 g
½ TL gemahlener Kümmel 1 TL
1 TL Kümmel, ganz 2 TL
170 g Weizenvollkornmehl 250 g
160 g Roggenvollkornmehl 250 g
1½ TL Trockenhefe 2 TL

Weizenkeimbrot

Programm „Vollkorn“ oder „Normal“
Für 500 g | 750 g

210 ml Wasser 310 ml
7 g Salz 10 g
300 g Weizenvollkornmehl 450 g
1½ TL Trockenhefe 2 TL

Nach dem Signalton:
70 g Weizensprossen 100 g

Sonnenblumen-Walnussbrot

Programm „Vollkorn“ oder „Normal“
Für 500 g | 750 g

210 ml Wasser 320 ml
1½ EL Weinessig 2 EL
½ EL Walnussöl 1 EL
7 g Salz 10 g
½ TL gemahlener Zimt 1 TL
330 g Dinkelvollkornmehl 500 g
1½ TL Trockenhefe 2 TL

Nach dem Signalton:
40 g Sonnenblumenkerne 50 g
40 g grob gehackte Walnüsse 50 g

Tomaten-Kräuterbrot

Superfoodbrote

Backen Sie sich hiermit einen extra Nährstoffkick ins Brot. Die Superfoods sind wirklich super, schmecken gut und bieten eine gelungene Abwechslung.

Moringabrot

Programm „Vollkorn“ oder „Normal“
Für 500 g | 750 g

210 ml Wasser 320 ml
1 EL Sonnenblumenöl 1 EL
1 EL Obstessig 1½ EL
330 g Dinkelvollkornmehl 500 g
7 g Salz 10 g
½ TL Honig 1 TL
1½ EL Moringapulver 2 EL
1½ TL Trockenhefe 2 TL

Nach dem Signalton:
50 g geröstete Sesamsamen 80 g

Chiasamenbrot

Programm „Vollkorn“ oder „Normal“
Für 500 g | 750 g

Vorbereitung:
Zur Herstellung von Chiasamen-Gel 2 EL Chiasamen in 160 ml Wasser über Nacht einweichen.

Teig:
Chiasamen-Gel
50 ml Wasser 160 ml
1½ EL Rapsöl 2 EL
200 g Dinkelvollkornmehl 300 g
130 g Weizenvollkornmehl 200 g
7 g Salz 10 g
7 g Honig 10 g
1½ TL Trockenhefe 2 TL

Moringa oleifera wird in seiner Heimat, der Himalaya-Region, der „Baum des Lebens“ oder „Wunderbaum“ genannt. Nicht umsonst gelten seine Blätter als Superfood: Ernährungswissenschaftler haben entdeckt, dass ein einziges davon so viel Calcium wie vier Gläser Milch, das Vitamin C von sieben Orangen und das Kalium von drei Bananen enthält, außerdem weist es dreimal so viel Eisen auf wie Spinat, viermal so viel Vitamin A wie eine Mohrrübe und doppelt so viel Protein wie Milch. Bei uns kann man Moringapulver kaufen, das aus den getrockneten und fein geriebenen Blättern der Pflanze hergestellt wird. Es schmeckt salzig und leicht scharf und lässt sich über fast alle Gerichte streuen, aber auch als Tee genießen.

Für die alten Maya waren Chiasamen Grundnahrungsmittel und Heilmittel in einem. Inzwischen ist auch Europa auf das Superfood aus Mexiko aufmerksam geworden, denn die kleinen Samen haben es in sich. Mit ihrem Gehalt an Proteinen, Antioxidantien, Kalzium, Kalium, Eisen sowie Omega-3- und Omega-6-Fettsäuren stellen sie manch anderes bewährtes Lebensmittel in den Schatten.

Chiapudding

Lust auf einen besonderen Nachtisch? Dann machen Sie doch einen Chiapudding: Geben Sie dazu 4 Esslöffel Chiasamen in etwa 250 ml Hafer- oder Mandelmilch und lassen alles mindestens 4 Stunden im Kühlschrank ziehen. Am Schluss mit Vanille oder Zimt aufpeppen, mit Ahornsirup süßen und genießen. Oder Sie probieren diese Variante aus: Kokosnuss-Mango-Chiapudding. Zutaten: ¼ Tasse Chiasamen, 1 Tasse Kokosnussmilch, ½ Tasse ungesüßte Mandel- oder Sojamilch, Vanille, ½ Mango, diese geschält und in mundgerechte Stücke zerteilt auf dem Puddig dekorieren.

Gojibeeren-Nussbrot

Programm „Vollkorn“ oder „Normal“
Für 500 g | 750 g

100 ml Vollmilch 150 ml
70 ml Wasser 100 ml
1 Ei 1
40 g Butter 50 g
30 g Honig 40 g
7 g Salz 10 g
340 g Dinkelvollkornmehl 500 g
1½ TL Trockenhefe 2 TL

Nach dem Signalton:
40 g Gojibeeren 60 g
30 g gehackte Walnüsse 40 g

Hanfsamenbrot

Programm „Vollkorn“ oder „Normal“
Für 500 g | 750 g

210 ml Wasser 320 ml
1 EL Weizenkeimöl 1 EL
1 EL Essig 1½ EL
330 g Dinkelvollkornmehl 500 g
7 g Salz 10 g
½ TL Rohrzucker 1 TL
3 EL Hanfsamen 4 EL
½ TL Brotgewürz 1 TL
1½ TL Trockenhefe 2 TL

Nach dem Signalton:
30 g Leinsamen 50 g

Die Gojibeere *ist ein Multivitamin- und Multimineralien-Lieferant, der zudem alle essenziellen (also vom Körper nicht selbst gebildeten) Aminosäuren, viele essenzielle Fettsäuren und jede Menge sekundäre Pflanzenstoffe beinhaltet. Letzteres macht diese Beere zu einer Frucht mit höchstem Antioxidantiengehalt. Geschmacklich ähnelt die Gojbeere der Cranberry und der Kirsche, und beim Backen ist sie ein leckerer Rosinenersatz.*

Hanfsamen? *War da nicht was? Nein, von denen bekommt man keinen Rausch, denn die Samen enthalten kein THC. Man kann sie also bedenkenlos konsumieren. Die Samen zeichnen sich durch ihren hohen Gehalt an Ballaststoffen aus, sie haben außerdem einen sehr hohen Proteingehalt und enthalten wichtige Mineralstoffe und B-Vitamine sowie Omega-3- und Omega-6-Fettsäuren. Für die Brotbäckerei sind sie perfekt geeignet: Die Samen sind knusprig, was dem Brot das gewisse Etwas verleiht.*

Weizenbrot mit Roter Bete

Programm „Vollkorn“ oder „Normal“
Für 500 g | 750 g

160 g Wasser 250 ml
40 g Butter 50 g
7 g Salz 10 g
50 g gehackte Zwiebel 70 g
330 g Weizenvollkornmehl 500 g
1½ TL Trockenhefe 2 TL

Nach dem Signalton:
80 g gekochte, grob geriebene Rote Bete 100 g
60 g rohe, grob geriebene Kartoffel 80 g

Rote Bete gehört zu den gesündesten Gemüsesorten, die es gibt. Kochen Sie sie bis zu einer Stunde mit der Schale in Salzwasser und schälen sie erst dann, am besten mit Handschuhen. Oder kaufen Sie vorgekochte, vakuumierte Rote Bete.

Raffiniertes

Ein besonderes Brot für einen besonderen Anlass. Diese Brote haben es in sich und schmecken auch ohne Belag oder nur mit Butter bestrichen.

Herbst-Kürbisvollkornbrot

Programm „Vollkorn" oder „Normal"
Für 500 g | 750 g

210 ml Wasser 320 ml
1½ EL Kürbiskernöl 2 EL
70 g grob geriebener Kürbis 100 g
7 g Salz 10 g
½ TL Honig 1 TL
300 g Weizenvollkornmehl 450 g
40 g Weizenmehl Type 1050 50 g
1½ TL Trockenhefe 2 TL

Nach dem Signalton:
40 g Kürbiskerne 60 g

Weizenbierbrot

Programm „Vollkorn" oder „Normal"
Für 500 g | 750 g

210 ml obergäriges Weizenbier 320 ml
1 EL Weizenkeimöl 2 EL
1 TL Rübensirup 2 TL
7 g Salz 10 g
170 g Dinkelvollkornmehl 250 g
160 g Weizenvollkornmehl 250 g
1½ TL Trockenhefe 2 TL

Weinbrot mit Zwiebel und Feigen

Programm „Vollkorn" oder „Normal"
Für 500 g | 750 g

Vorbereitung:
Zwiebel schälen, in feine Scheiben schneiden und in einer Pfanne anrösten.

Teig:
110 ml Weißwein 160 ml
100 ml Wasser 160 ml
1 EL Speiseöl 2 EL
7 g Salz 10 g
½ TL Zucker 1 TL
300 g Weizenvollkornmehl 450 g
40 g Weizenmehl Type 550 50 g
1½ TL Trockenhefe 2 TL

Nach dem Signalton:
50 g getrocknete, grobe geschnittene Feigen 80 g
20 g Rosinen 30 g
60 g rote Zwiebel oder Schalotte 80 g

Weizenbierbrot

Pastinaken-Steinpilzbrot

Programm „Vollkorn" oder „Normal"
Für 500 g | 750 g

Vorbereitung:
Getrocknete Steinpilze in 320 ml Wasser einweichen. Die Pilze auf einem Sieb abtropfen lassen, die Flüssigkeit auffangen. Pilze fein hacken. Pastinaken schälen und mit einer Haushaltsreibe grob reiben. Butterschmalz in einer Pfanne erhitzen, Pastinaken und Pilze darin andünsten, dann mit dem Weißwein ablöschen und etwas einkochen lassen. Die abgekühlte Masse und das Pilzwasser zusammen mit den anderen Zutaten in den Brotbackautomaten geben.

Teig:
220 ml Wasser 320 ml
30 ml Weißwein 50 ml
½ EL Butterschmalz 1 EL
7 g Salz 10 g
½ TL Zucker 1 TL
260 g Dinkelvollkornmehl 400 g
60 g Weizenmehl Type 550 80 g
½ TL gemahlener Koriander 1 TL
1½ TL Trockenhefe 2 TL

Nach dem Signalton:
15 g getrocknete Steinpilze 20 g
60 g grob geriebene Pastinake 80 g

Speckbrot

Programm „Vollkorn" oder „Normal"
Für 500 g | 750 g

125 ml Wasser 190 ml
100 ml Buttermilch 150 ml
10 g Schweineschmalz 15 g
7 g Salz 10 g
½ TL Honig 1 TL
330 g Dinkelvollkornmehl 400 g
70 g Roggenvollkornmehl 100 g
1½ TL Trockenhefe 2 TL

Nach dem Signalton:
40 g Speckwürfel (geräucherter Schinkenspeck) 60 g

Walnussbrot mit Datteln

Programm „Vollkorn" oder „Normal"
Für 500 g | 750 g

210 ml Wasser 320 ml
1 ½ EL Zitronensaft 2 EL
1 ½ EL Walnussöl 2 EL
1 EL Rübensirup 1 ½ EL
7 g Salz 10 g
400 g Dinkelvollkornmehl 500 g
1 ½ TL Trockenhefe 2 TL

Nach dem Signalton:
60 g gehackte Walnüsse 80 g
60 g gehackte, getrocknete Datteln 80 g

Süße Hefebrote

Süße Hefebrote werden im Automaten mit dem Programm „Süße Brote“ oder „Normal“ gebacken und gelingen damit hervorragend. Ob traditionell oder raffiniert: Bei diesen Rezepten ist für jeden Geschmack etwas dabei.

Schoko-Milchbrot

Programm „Vollkorn“ oder „Normal“
Für 500 g | 750 g

180 ml Milch 270 ml
1 Ei 1
40 g Butter 50 g
1 EL Honig 2 EL
40 g Zucker 50 g
7 g Salz 10 g
1 TL Kakao 2 TL
300 g Weizenvollkornmehl 450 g
1½ TL Trockenhefe 2 TL

Nach dem Signalton:
100 g Schokoladentropfen oder grob gehackte Zartbitterschokolade 100 g

Rosinenbrot

Programm „Vollkorn“ oder „Normal“
Für 500 g | 750 g

100 ml Magerquark 150 g
70 ml Vollmilch 100 ml
1 Ei 2
3 g Salz 5 g
40 g Butter 60 g
40 g Honig 60 g
300 g Weizenvollkornmehl 450 g
1½ TL Trockenhefe 2 TL

Nach dem Signalton:
70 g Rosinen 100 g

Pekannuss-Vollkornbrot

Programm „Vollkorn“ oder „Normal“
Für 500 g | 750 g

Vorbereitung:

60 g grob gehackte Pekannüsse 80 g
4 EL Ahornsirup 5 EL

Pekannüsse mit dem Ahornsirup in einer Pfanne karamellisieren, abkühlen lassen und erneut grob hacken.

Teig:

150 ml Milch 220 ml
40 g Speisequark 50 g
40 g Butter 50 g
1 Ei (Größe M) 1
7 g Salz 10 g
1½ TL Bourbon-Vanillezucker 2 TL
200 g Weizenvollkornmehl 300 g
60 g Weizenmehl Type 405 100 g
60 g gemahlene Mandeln 100 g
1½ TL Trockenhefe 2 TL

Nach dem Signalton:

karamellisierte Pekannüsse

Tipp *Wer es besonders süß mag, bestreicht das Brot nach dem Backen mit Ahornsirup und streut noch etwas gehackte Pekannüsse darauf.*

Apfel-Cranberrybrot

Programm „Vollkorn" oder „Normal"
Für 500 g | 750 g

Vorbereitung:

1 Apfel (120 g)
2 EL Zitronensaft
4 EL brauner Rohrzucker

Den Apfel mit einer Küchenreibe grob reiben und Zitronensaft und Zucker dazugeben. Das Ganze in der Backform 1 Stunde stehen lassen, damit es gut durchziehen kann.

Teig:

60 ml Apfelsaft 100 ml
1 Tasse (ca. 50 ml) Espresso 1 Tasse
20 g Butter 30 g
7 g Salz 10 g
½ EL Kakao 1 EL
½ TL gemahlener Zimt 1 TL
1 Prise gemahlener Kardamon ½ TL
300 g Dinkelvollkornmehl 400 g
60 g Weizenmehl Type 550 100 g
1½ TL Trockenhefe 2 TL

Nach dem Signalton:

60 g getrocknete Cranberrys 80 g
20 g Haselnüsse, geröstet und gehackt 30 g

Dinkelquarkstollen

Programm „Teig“ und „Backen“
Für 500 g | 750 g

Vorbereitung:
200 g Rosinen 300 g
50 g Orangeat 70 g
50 g Zitronat 70 g
50 ml Amaretto 50 ml
Zutaten über Nacht im Amaretto einweichen.

Teig:
250 g Dinkelvollkornmehl 380 g
1 Päckchen Backpulver 1½ Päckchen
1 TL geriebene Zitronenschale 1½ TL
½ TL gemahlene Vanille 1 TL
½ TL gemahlener Zimt 1 TL
1 Messerspitze Nelken 2
1 Prise Salz ½ TL
125 g Quark 190 g
1 Ei 1
100 g flüssige Butter 150 g
20 g Honig 30 g
50 g Rohrzucker 70 g

Nach dem Signalton:
Eingelegte Rosinen, Zitronat, Orangeat
40 g grob gehackte Walnüsse 60 g

Zubereitung: Alle Zutaten der Reihe nach in die Backform geben und das Programm „Teig“ starten. Eventuell mit dem Teigschaber die Mehlreste an den Ecken der Brotbackform zusammenkratzen. Sollte Ihr Brotbackautomat die recht buttrige Masse nicht kneten können, den Teig mit dem Rührgerät (Knethaken!) oder per Hand zusammenmischen.
Im Anschluss das Programm „Backen“ auf 60 Minuten einstellen und starten.
Nach dem Backen den Stollen direkt mit einem Gemisch aus 30 g flüssiger Butter und 20 g Honig bestreichen und die Oberfläche mit gerösteten gehackten Nüsse, gehobelten oder gemahlenen Mandeln, Kokosflocken oder Puderzucker bestreuen und auskühlen lassen.

Dinkelquarkstollen

Kastenkuchen

Ihr Brotbackautomat kann auch Kuchen backen. Kastenkuchen, mit Backpulver hergestellt, kommen mit den Programmen „Kuchen“ oder „Backpulver“ schnell und lecker auf den Kaffeetisch.

In der Regel rührt der Automat 20–25 Minuten und backt den Teig im Anschluss etwa 60–70 Minuten. Machen Sie nach 60 Minuten den Gartest mit einem Holzspieß. An einem in die Mitte des Kuchens gestochenen Holzspieß darf kein Teig mehr kleben bleiben. Ist dies doch der Fall, verlängern Sie einfach die Backzeit oder wählen Sie die Funktion „Nachbacken“. Alternativ können Sie den Kuchenteig auch mit dem Rührgerät in einer Schüssel vermengen und ihn erst danach in die Backform Ihres Automaten füllen (Knethaken herausnehmen!). Als Programm wählen Sie dann „Backen“ aus.

Belassen Sie den Kuchen nach dem Backen noch 10 Minuten in der Backform, dann zum Auskühlen auf ein Kuchengitter stürzen.

Kokos-Schoko-Kastenkuchen

Programm „Backen“ oder „Kuchen“

2 Eier
1 Prise Salz
200 g Kokosmilch oder Vollmilch
100 g flüssige Butter
150 g Zucker
300 g Weizenvollkornmehl
1 Päckchen Backpulver

Nach dem Signalton:
50 g Kokosflocken
50 g backfeste Schokotropfen

Zubereitung: Alle Zutaten der Reihe nach in die Backform des Brotbackautomaten füllen und Programm „Kuchen/ Backpulver“ starten. Nach dem Signalton die Kokosflocken und Schokoraspeln hinzufügen.
Oder im Programm „Backen“ Eier, Salz, Kokosmilch oder Kuhmilch, Butter und Zucker mit dem Rührgerät verquirlen. Mehl, Backpulver und Kokosflocken dazugeben, alles kurz unterrühren und in die Backform (ohne Knethaken) füllen. Programm „Backen“ (70 Minuten) starten.

Olivenöl-Honig-Kastenkuchen

Programm „Backen“ oder „Kuchen“

3 Eier
110 ml Olivenöl
4 EL Orangensaft
120 g Honig
1 Prise Salz
300 g Weizenvollkornmehl
50 g Weizenstärke
2 TL Backpulver
50 g brauner Zucker

Zubereitung: Alle Zutaten der Reihe nach in die Backform Ihres Brotbackautomaten füllen und das Programm „Kuchen“ oder „Backpulver“ starten. Oder Sie wählen das Programm „Teig“, um die Zutaten zu vermengen, und backen dann den Teig im Programm „Backen“ für etwa 60 Minuten aus.

Für eine geschmacklich ausgefallene Variante geben Sie einen Teelöffel Kräuter der Provence dazu. Das „Brot“ passt dann hervorragend zu einem Salatteller oder einer Käseplatte.

Zucchini-Haselnuss-Kastenkuchen

Programm „Backen“ oder „Kuchen“

4 Eier
1 Prise Salz
150 g flüssige Butter
50 g Speiseöl
200 g brauner Zucker
1 Päckchen Vanillezucker
2 TL gemahlener Zimt
350 g Weizenvollkornmehl
100 g gemahlene Haselnüsse
1 Päckchen Backpulver

Nach dem Signalton:
200 g fein geraspelte Zucchini

Zubereitung: Alle Zutaten der Reihe nach in die Brotbackautomatenform füllen und das Programm „Kuchen“ oder „Backpulver“ starten. Nach dem Signalton die Zucchiniraspeln hinzufügen.
Oder im Programm „Backen“ Eier, Öl, Zucker und Vanillezucker mit einem Rührgerät verquirlen. Mehl, Zimt, Backpulver, Haselnüsse und Zucchiniraspeln dazugeben, alles kurz unterrühren und in die Backform (ohne Knethaken) füllen. Das Programm „Backen“ (eingestellt auf etwa 70 Minuten) starten. Nach dem Backen den Kuchen 10 Minuten in der Form abkühlen lassen, dann auf ein Kuchengitter stürzen und auskühlen lassen.

Apfel-Kastenkuchen

Programm „Backen“ oder „Kuchen“

100 ml Vollmilch
50 ml Sahne
50 ml Buttermilch
100 g Butter
2 Eier
1 Prise Salz
1 Päckchen Vanillezucker
1 TL Zitronenschale
100 g Rohrzucker
250 g Dinkelvollkornmehl
2 EL gemahlene Mandeln
2 TL Backpulver
1 mittelgroßer Apfel
Zimt-Zucker-Mischung zum Bestreuen

Zubereitung: Milch, Sahne, Buttermilch, Butter, Eier, Salz, Vanillezucker, Zitronenschale und Rohrzucker in einer Schüssel verquirlen. Mehl, Mandeln, Backpulver mischen und unterrühren. Die Teigmasse in die Backform (ohne Knethaken) füllen.
Oder alle Zutaten der Reihe nach in die Backform füllen und das Programm „Kuchen“ wählen. Den Apfel schälen, in grobe Stücke schneiden und auf der Teigoberfläche verteilen, dabei leicht eindrücken. Mit der Zimt-Zucker-Mischung bestreuen und das Programm „Backen“ mit 70 Minuten Backzeit starten.

Apfel-Kastenkuchen

Orangen-Karotten-Kastenkuchen

Programm „Backen“ oder „Kuchen“

3 Eier
1 Prise Salz
260 ml Vollmilch
125 g flüssige Butter
150 g Zucker
1 TL geriebene Orangenschale
1 TL gemahlener Zimt
300 g Weizenvollkornmehl
1 Päckchen Backpulver

Nach dem Signalton:
200 g grob geraspelte Karotten hinzufügen.

Zubereitung: Alle Zutaten der Reihe nach in die Brotbackautomatenform füllen und das Programm „Kuchen“ oder „Backpulver“ starten. Nach dem Signalton die Karottenraspel hinzufügen.
Oder im Programm „Backen“ Eier, Salz, Milch, Butter und Zucker mit einem Rührgerät verquirlen. Danach Mehl, Zimt, Orangenschale, Backpulver und Karottenraspeln hinzugeben, alles kurz unterrühren und in die Backform (ohne Knethaken) füllen. Das Programm „Backen“ mit ca. 70 Minuten Backzeit starten.

Für die fettärmere Variante eines Kastenkuchen nehmen Sie als Basisrezept: 4 Eier, 1 Prise Salz, 200 g Vollrohrzucker, 1 TL gemahlener Zimt, 1 TL abgeriebene Zitronenschale, 150 g Magerquark, 70 g Naturjoghurt, 250 g Weizenvollkornmehl, 2 TL Backpulver.

Pflaumen-Walnuss-Kastenkuchen

Programm „Backen“ oder „Kuchen“

150 ml Vollmilch
100 g flüssige Butter
50 ml flüssige Sahne
3 Eier
1 Prise Salz
2 Päckchen Vanillezucker
150 g brauner Rohrzucker
300 g Weizenvollkornmehl
50 g Maisstärke
2 TL Backpulver
1 TL gemahlener Zimt

Belag:
160 g Zwetschen (etwa 6 Stück)
20 g Butter
20 g Honig
20 ml Sahne
80 g grob gehackte Walnüsse

Zubereitung: Milch, Butter, Sahne, Eier, Salz, Vanillezucker, Rohrzucker in einer Schüssel verquirlen. Mehl, Maisstärke, Backpulver, Zimt mischen und unterrühren und in die Backform (ohne Knethaken) füllen. Die Zwetschen entkernt und halbiert in den Teig stecken. Für den Belag die Walnüsse grob hacken, Butter, Honig und Sahne aufkochen lassen. Walnüsse zugeben und die Masse auf dem Kuchen verteilen. Nach Ende des Rührvorgangs das Programm „Backen“ starten (Backzeit 70 Minuten).

Vollkornkuchenteige

Alle Vollkornteige können Sie ganz einfach im Brotbackautomaten herstellen. Wählen Sie dazu das Programm „Teig“ und holen Sie ihn nach Programmende zur Weiterverarbeitung aus dem Automaten.

Süßer Hefeteig

Programm „Teig“

200 ml lauwarme Vollmilch
1 Ei
80 g Honig
80 g Butter
8 g Salz
500 g Weizenvollkornmehl
1 Päckchen Trockenhefe

Dinkelvollkorn-Hefeteig

Programm „Teig“

210 ml lauwarme Vollmilch
1 Ei
60 g Honig
40 g Butter
350 g Dinkelvollkornmehl
2 EL gemahlene Mandeln
1 TL geriebene Zitronenschale
2 TL Trockenhefe

Teige für süße und herzhafte Blechkuchen

- *Füllen Sie die Zutaten in die Backform ein und wählen Sie das Programm Teig aus.*
- *Anschließend den Teig weiterverarbeiten, indem Sie ihn zum Beispiel auf einem gefetteten Backblech ausrollen und mit Äpfeln, Pflaumen, Früchten oder herzhaften Zutaten belegen.*
- *Aus diesem Teig lassen sich auch kleine Brötchen und Stückchen formen, oder Sie flechten daraus einen Hefezopf.*
- *Anschließend erneut ruhen lassen (etwa 30 Minuten).*
- *Im vorgeheizten Backofen bei 200 °C je nach Größe etwa 15–40 Minuten backen.*

Salziger Hefe- oder Pizzateig

Programm „Teig"

280 ml Wasser
3 EL Olivenöl
1 TL Honig
10 g Salz
400 g Weizenvollkornmehl
1½ TL Trockenhefe

Herstellung von Brötchen:

- *Füllen Sie die Zutaten in die Backform ein und wählen Sie das Programm „Teig".*
- *Wiegen Sie dann kleine, gleichmäßig große Teigstücke von etwa 40–50 g Gewicht ab.*
- *Formen Sie daraus kleine Bällchen oder längliche Brötchen. Achten Sie darauf, dass im Teig Spannung entsteht, indem Sie behutsam Druck ausüben.*
- *Sie können die Brötchen einschneiden oder mit Wasser benetzen und in Sesam, Körner, Flocken und dergleichen dippen. Verzieren Sie die Brötchen frei nach Lust und Laune.*
- *Setzten Sie die geformten Brötchenrohlinge auf ein gefettetes Backblech, bedecken Sie sie mit einem Küchenhandtuch und lassen sie etwa 20 Minuten ruhen.*
- *Im vorgeheizten Backofen werden die Brötchen dann bei 220 Grad etwa 18–20 Miuten lang gebacken.*
- *Damit die Brötchen einen schönen Glanz bekommen, besprühen Sie die Ofenwände mit Wasser, bevor Sie das Blech in den Ofen schieben.*

Quark-Öl-Vollkornteig

Programm „Teig"

125 g Magerquark
75 ml Vollmilch
75 ml Speiseöl
1 Prise Salz
60 g Zucker
250 g Weizenvollkornmehl
1 Päckchen Backpulver

Zubereitung: Geben Sie Quark, Milch, Öl, Salz und Zucker in die Brotbackform und starten Sie das Programm „Teig". Lassen Sie die Masse etwas verrühren, bevor Sie das Mehl mit dem Backpulver dazugeben. Den Teig nur so lange kneten lassen, bis alles vermischt ist, dann sofort entnehmen. Nun können Sie nach Belieben entweder leckere Brötchen daraus zaubern oder den Teig auf einem Backblech ausrollen und mit Früchten belegen. So stellen Sie im Handumdrehen einen leckeren Blechkuchen her.
Für die herzhafte Variante bereiten Sie den Teig statt mit Zucker mit 5 g Salz zu.

Die Quark-Öl-Brötchen *oder den Quark-Öl-Blechkuchen können Sie direkt und ohne vorherige Ruhephase in den auf etwa 200 °C vorgeheizten Backofen schieben und etwa 30 Minuten lang backen.*

Vollkornbrötchen

Ergibt ca. 10 Brötchen
Programm „Teig"

200 ml Wasser
10 g Butter
250 g Weizenvollkornmehl
5 g Salz
5 g Honig

Mit diesem „Grundrezept" können Sie je nach Geschmack Ihre eigenen Varianten schaffen, indem Sie beispielsweise Körner, Sesam, Flocken, Gewürze, Speck oder Zwiebeln untermengen. Sie können auch Olivenöl oder Milch statt Wasser verwenden.

Pfiffige Geschenkidee

Verschenken Sie doch mal selbst gemachte Backmischungen von Ihrem Lieblingsbrot. Die eigene Backmischung im Glas ist ein echter Hingucker und sieht sehr dekorativ aus.

Geben Sie dazu die einzelnen Zutaten für Ihr Lieblingsbackrezept in ein schönes Glas. Dabei sollten Sie natürlich darauf achten, dass Sie keine verderblichen Waren verwenden. Das Glas versehen Sie dann mit einem Anhänger mit der Backanleitung. Diese kann zum Beispiel so aussehen: „300 ml Wasser und 2 EL Olivenöl in den Brotbackautomaten füllen, dann diese Backmischung hinzugeben. Mit dem Programm „Vollkorn" ausbacken und genießen. Hmmmm!"

Jetzt können Sie das Glas noch nach Lust und Laune verzieren. Über so ein Geschenk freut sich wirklich jeder, der gerne mit dem Brotbackautomaten backt.

Backmischungen als Geschenk kommen immer gut an.

Service

Allgemeine Informationen über Lebensmittel und Naturkost
www.lebensmittellexikon.de
www.naturkost.de

Informationen zu Inhaltsstoffen im Getreide:
https://www.uni-hohenheim.de/wwwin140/INFO/LM/clmns.htm
http://de.wikipedia.org/wiki/Dinkel

Informationen über Zöliakie
Deutsche Zöliakie-Gesellschaft e. V.
www.dzg-online.de

Informationen über Neurodermitis
Deutsche Gesellschaft für Psycho-Allergologie e. V.
www.deutsche-psycho-allergologie.de

Bezugsquellen

Getreidemühlen

Schnitzer GmbH & Co. KG
www.schnitzer-bio.de

Brotbackautomaten

Brotbackautomaten sind im Elektrofachhandel, in Supermärkten und Discountern und natürlich auf den entsprechenden Seiten im Internet erhältlich. Vergleichen Sie unbedingt die Preise, die Differenzen von Anbieter zu Anbieter sind zum Teil erheblich.
www.unold.de

Mehle

Mehle finden Sie in jedem Verbrauchermarkt. Vollkornmehle kaufen Sie am besten frisch gemahlen direkt in einer Mühle oder in Reformhäusern und Naturkostläden. Falls Sie sich eine eigene Getreidemühle zulegen wollen, finden Sie Informationen zu dem Thema und entsprechende Anbieter im Internet, aber auch in Haushaltswarengeschäften hilft man Ihnen weiter.

Glutenfreie Mehle und Mehlmischungen finden Sie u.a. in Reformhäusern, Naturkostläden oder Sie beziehen sie direkt von einer Mühle. Auch im Internet bieten verschiedene Hersteller ihre Produkte an. Dort finden sich auch weitere Infos und Foren mit vielen hilfreichen Tipps und Tricks.

Brotzutaten

Die weiteren Zutaten fürs Brotbacken finden Sie meist schon in Verbrauchermärkten. Speziellere Produkte werden in Reformhäusern oder Naturkostläden angeboten. Dort finden Sie auch immer Ansprechpartner, die Sie bei Fragen gerne beraten werden.

Buchtipps für Backfans

Beile, Mirjam: Brot aus dem Brotbackautomaten. Über 120 Rezepte für 750 g und 1000 g. Ulmer, 2013

Beile, Mirjam: Kuchen und Knabbereien aus dem Brotbackautomaten. Ulmer, 2011

Beile, Mirjam: Brotbacklust. 222 Rezepte mit und ohne Brotbackautomat. Ulmer, 2012

Bellersen Quirini, Cosima: Am besten hausgemacht. Ulmer, 2014

Bopp, Doris: Landfrauen backen. Rezepte und Geschichten aus Baden-Württemberg. Ulmer, 2012

Dellwig, Gundi und Mendrina, Verena: Heute ist Backtag. Rezepte, Feste und Geschichten rund um den Holzbackofen. Ulmer, 2014

Geißler, Lutz: Brotbackbuch Nr. 1. Grundlagen und Rezepte für ursprüngliches Brot. Ulmer, 2014

Geißler, Lutz und Hollensteiner, Björn: Brotbackbuch Nr. 2. Alltagsrezepte und Tipps für naturbelassenes Brot. Ulmer, 2015

Bildquellen

Mit Ausnahme der folgenden Fotos stammen alle Fotos von Heike Schmidt-Röger.
Michael Brauner: Seite 9, 39, 89, 119
Wolfgang Feiler: Seite 105, 120, 121
Ulrich Loeper: Seite 67 u.

Die Firma UNOLD stellte freundlicherweise für die Fotoproduktion einige Automaten zur Verfügung.

Rezepte und mehr schnell finden

Bibliografische Information der Deutschen Nationalbibliothek
Die Deutsche Nationalbibliothek verzeichnet diese Publikation in der Deutschen Nationalbibliografie; detaillierte bibliografische Daten sind im Internet über http://dnb.d-nb.de abrufbar.

Wollgrasweg 41, 70599 Stuttgart (Hohenheim)
E-Mail: info@ulmer.de
Internet: www.ulmer-verlag.de
Lektorat: Ulf Müller, Antje Munk
Herstellung: Silke Reuter
Reproduktion: timeRay visualisierungen, Herrenberg
Druck und Bindung: aprinta Druck, Firmengruppe APPL, Wemding
Printed in Germany

ISBN 978-3-8001-8372-2